Wolfgang Rost
Angelika Schulz

Rivalität

Über Konkurrenz, Neid und Eifersucht

Springer-Verlag
Berlin Heidelberg New York
London Paris Tokyo
Hong Kong Barcelona
Budapest

Mit 43 Abbildungen

ISBN-13: 978-3-540-57040-0 e-ISBN-13: 978-3-642-78396-8
DOI: 10.1007/978-3-642-78396-8

Dieses Werk ist urheberrechtlich geschützt. Die dadurch begründeten Rechte, insbesondere die der Übersetzung, des Nachdrucks, des Vortrags, der Entnahme von Abbildungen und Tabellen, der Funksendung, der Mikroverfilmung oder der Vervielfältigung auf anderen Wegen und der Speicherung in Datenverarbeitungsanlagen, bleiben, auch bei nur auszugsweiser Verwertung, vorbehalten. Eine Vervielfältigung dieses Werkes oder von Teilen diese Werkes ist auch im Einzelfall nur in den Grenzen der gesetzlichen Bestimmungen des Urheberrechtsgesetzes der Bundesrepublik Deutschland vom 9. September 1965 in der jeweils geltenden Fassung zulässig. Sie ist grundsätzlich vergütungspflichtig. Zuwiderhandlungen unterliegen den Strafbestimmungen des Urheberrechtsgesetzes.

© Springer-Verlag Berlin Heidelberg 1994

Redaktion: Ilse Wittig, Heidelberg
Umschlaggestaltung: Bayerl & Ost, Frankfurt,
unter Verwendung einer Illustration von Paul Leith
Innengestaltung: Andreas Gösling, Bärbel Wehner, Heidelberg
Herstellung: Andreas Gösling, Heidelberg
Satz: Datenkonvertierung durch Springer-Verlag
Druck: Druckerei Zechner, Speyer
Bindearbeiten: J. Schäffer GmbH & Co. KG, Grünstadt
67/3130 – 5 4 3 2 1 0 – Gedruckt auf säurefreiem Papier

Inhaltsverzeichnis

Vorwort IX

1 Aus dem Gefühlshaushalt 1
Um was es geht 1
Kaum zu glauben 4
Die Vielfalt der Gefühle 5
Elixiere des Lebens – Warum wir
unsere Gefühle brauchen 12
Evolution und Emotion 18
Denk mal 24
Warum Reinsteigerer im Unrecht sind 32

2 Rivalität, Neid, Eifersucht – Was ist das? 36
Rivalität genauer besehen 36
Neid und Eifersucht – zwei verschiedene Gefühle? 40

3 Auf die Dosierung kommt es an 45
Mehr wäre besser 45
Weniger wäre mehr 48

**4 Rivalität, Neid und Eifersucht
im Netzwerk unseres Gefühlshaushalts** 51
Emotionale Gegenkontrollsysteme 52
Widersacher und Verstärker 54

5 Woher kommen die Rivalität und ihre Unterformen? 59
In die Wiege gelegt? 59
Wie entwickeln sich die Gefühle? 60
Am Puls der Zeit 67

6 Wo erleben wir Rivalität, Neid und Eifersucht? 89
Die lieben Kleinen 90
Alte und Junge 94
Mann und Frau 98
Partnerschaft und Ehe 105
Familienspektakel 113
Die lieben Nachbarn 123
Beruf und Arbeitsplatz: Spielwiese der Gefühle 131

7 Angst, Scham und Schuldgefühle – die wichtigsten natürlichen Widersacher ... 137
Angst – ein Zustand, den jeder kennt 138
Rivalität, Neid und Eifersucht als Angstmacher 140
Scham und Schuldgefühle 142
Überlebensretter 146
Störenfriede – Des Guten zuviel 148

8 Abwehr unserer eigenen Emotionen 152
Wie wir uns im Alltag gegen sie wehren 152
Abwehr ja – aber auf das richtige Maß kommt es an 157

9 Wie wir wieder lernen unsere Gefühle zu erleben und auszuleben 164
Wo der Wurm drin ist 164
Wege zum Erleben und Ausleben natürlicher Emotionen.................. 167
Strategien gegen zu starke Angst vor Ablehnung 178

10 Exzessive Eifersucht 190

Literatur 209

Vorwort

Mit zunehmender Industrialisierung sind unsere Gefühle scheinbar (und wie so oft, trügt auch hier der Schein) immer unwichtiger geworden; unsere Gefühle oder Emotionen werden nicht nur in der Wissenschaft vielfach sträflich vernachlässigt, sondern auch im Alltag eher als Störenfriede unserer Funktionstüchtigkeit und Produktivität verteufelt.

Auch Rivalitäts-, Neid – und Eifersuchtsgefühle, um die es in diesem Buch geht, sind tabuisiert, so paradox das in unserer konkurrenz- und wettbewerbsorientierten, zugleich aber allenthalben vehement nach Kooperation, Demokratie, Gleichheit und Gleichberechtigung verlangenden Gesellschaft auch erscheinen mag. Erleben wir etwas, das sich nicht ziemt, als ein Tabu gilt, ist die Angst davor groß, denn es drohen Ablehnung und andere negative Konsequenzen. Dabei vergessen wir, daß wir unsere Rivalität, unseren Neid und unsere Eifersucht brauchen, daß sie auch ihre positiven Funktionen haben und unserer Lust am Leben und unserem Überleben zuträglich ja sogar notwendig sind.

Nur zu gerne wollen wir unsere emotionalen Regungen unterdrücken, sie unter den berühmten Teppich kehren, obwohl sie im täglichen Leben allgegenwärtig sind. Da begegnen uns Damen auf einer Party, von denen jede hofft, das schönste Kleid zu tragen; Geschäftsleute, die in lauterem oder unlauterem Wettbewerb um die Gunst der Kunden ringen; Sportler, die mit oder ohne Doping um Siege und Trophäen kämpfen; Männer und Frauen, die lautstark eine Szene veranstalten oder Stunden, Tage und manchmal sogar Monate beleidigt sind, wenn sich der Partner oder die Partnerin scheinbar oder tatsächlich zu einem Flirt hinreißen läßt; Stammtischgenossen, denen unser neues Auto ein Dorn im Auge ist; Nachbarn, die sich das Maul zerreißen über unser schick verschnörkeltes Gartentor; Kleingärtner, die – kaum haben wir uns umgedreht – doch einen Gartenzwerg mehr aufgestellt oder ein größeres Salatbeet angelegt haben als wir selbst; die Kollegen, die uns wegen des vielleicht ein wenig freundlicheren Morgengrußes, den der Chef für uns übrig hatte, mindestens einen Tag schräg angucken; Damen im Kränzchen oder der Gymnastikgruppe, deren Wettstreit um die geschmackvollste und natürlich teuerste Wohnungseinrichtung, kaum scheint er abgeschlossen, immer wieder aufs neue entflammt und und und . . .

Da fragt man sich: Ist das normal (was auch immer normal sein mag)?

- Müssen andere und wir selbst neidisch, eifersüchtig und auf Rivalität aus sein?
- Warum gibt es solche Regungen überhaupt?
- Was sollen sie uns bringen?
- Wie sollen wir damit umgehen?
- Sollten wir nicht lieber bestrebt sein, so negative Züge abzubauen oder, wenn das schon nicht geht, diese doch wenigstens zu unterdrücken?

Auch wir beide haben uns solche Fragen gestellt und nach Antworten gesucht. Was dabei herausgekommen ist, haben wir hier zusammengetragen: Biologisches und Psychologisches, Schriftliches und Bildliches, Angenehmes und Unangenehmes, Einsichtiges und Umstrittenes, Starkes und Schwaches, Tierisches und Menschliches, Nachdenkliches und Vergnügliches, Erträgliches und Unerträgliches, Erfreuliches und Beklagenswertes, Sagbares und Unsagbares, Männliches und Weibliches, Wissenschaftliches und Alltägliches und ganz viel, Emotionales. So halten Sie nun in den Händen ein kleines, aber feines Büchlein zuallererst zum Lesen, aber auch zum Lernen und Lehren sowie zum Schmunzeln und Diskutieren.

    Wolfgang Rost
    Angelika Schulz

1 Aus dem Gefühlshaushalt

Rivalität, Neid und Eifersucht sind Gefühle oder Emotionen. Sehen wir uns zunächst einmal den Gefühlshaushalt, seine Vielfalt und Bedeutung, seine Widersacher und Einschränkungen, die Folgen seiner Unterdrückung, aber auch Wege zu seinem Wiederaufleben an. Das hilft uns, zu verstehen, was geschieht, wenn wir Rivalität, Neid und Eifersucht fühlen.

Um was es geht

Damit wir uns in den folgenden Kapiteln verstehen, sollten wir uns darüber einig sein, daß ein Gefühl oder eine Emotion ein Zustand ist:

der entsteht, wenn wir etwas wahrnehmen, das für uns ganz persönlich bedeutsam ist – etwas, das wir sehen, hören, riechen, schmecken oder ertasten, sowie etwas, das wir uns vorstellen und das wir in unserem Körper spüren;

der einhergeht mit physiologischen Veränderungen (Abb.1): beispielsweise ändert sich die Konzentration verschiedener Hormone, die als Botenstoffe in unserem Organismus tätig sind (dazu zählt auch der berühmte Adrenalinstoß), die Verteilung des

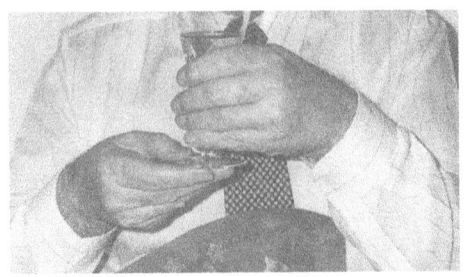

Abb. 1. Zittern, nicht nur beim Trinken, eine Begleiterscheinung von Angst.

Bluts im Körper, die Körpertemperatur und Muskelspannung, der Blutdruck und Blutzuckerspiegel sowie die Herz- und Atemfrequenz, wodurch vielfältige für uns spürbare körperliche Reaktionen zustandekommen (Anspannung und Entspannung, Zittern, Schwitzen, Hitze- und Kältewallungen, Herzrasen, vermehrter Harndrang, Übelkeit, Benommenheit, schnelles, langsames, flaches und tiefes Atmen, Gänsehaut, blasse oder gerötete Wangen, Kribbeln im Bauch und den Gliedmaßen, Kloß im Magen oder Hals ...);

der danach drängt, ausgedrückt zu werden – in Mimik, Gestik, Körperhaltung, durch Sprache und Motorik, in der Form von Gesten, Ritualen und einer Fülle von Verhaltensmustern (hierher gehört so etwas wie: vor Freude und Glück in die Luft springen, lachen und singen, juchzen, Freudentränen vergießen, die ganze Welt umarmen, vor Wut, Zorn und Ärger toben, platzen, brüllen, stampfen, etwas an die Wand werfen, vor Scham in den Erdboden versinken, sich verkriechen, vor Schreck erstarren, vor Überraschung Mund und Augen auf-

sperren, vor Angst weglaufen, in die Hose machen, vor Traurigkeit weinen, vor Ekel kotzen ...);
- *der uns anregt, etwas zu tun,* um mit der für uns in irgendeiner Form bedeutsamen (traurigen, ärgerlichen, freudigen, enttäuschenden ...) Situation in einer für unser Leben und Überleben sinnvollen Art und Weise umzugehen (z. B. motiviert uns das Angstgefühl, eine Gefahr zu beseitigen, ihr aus dem Wege zu gehen oder ihr vorzubeugen).

Diese allgemeine Beschreibung dessen, was ein Gefühl oder eine Emotion ist, trifft auf alle speziellen Gefühle – und davon gibt es eine ganze Menge – gleichermaßen zu. Auch wenn wir einzelne Charakteristika unterschiedlich deutlich erleben, können wir davon ausgehen, daß sie in jedem Fall vorhanden sind. Körperliche Reaktionen, ein Ausdrucksbedürfnis und einen Antrieb, etwas zu tun, spüren wir am deutlichsten bei intensiven Emotionen wie Freude, Trauer, Ärger und Angst. Je mehr wir unsere Gefühle unterdrücken, um so schwieriger ist es für uns, die übrigen Merkmale (körperliche Reaktionen, das Ausdrucksbedürfnis und den Anspron zum Handeln) bei uns selbst zu entdecken und ein vorhandenes Gefühl tatsächlich zu erleben. Da wir heutzutage in unserer Gesellschaft zu geübten und versierten Gefühlsunterdrückern geworden sind, werfen wir im übernächsten Abschnitt einen Blick auf die von uns kaum noch wahrgenommene, sondern eher unter den Teppich gekehrte Viefalt unsereres Gefühlslebens. Vorher sehen wir uns jedoch einige weitere Eigenschaften des Zustands an, den wir den – oben dargestellten Charakteristika folgend – als Emotion bezeichnen.

Kaum zu glauben

Unsere Emotionen haben eine Reihe ganz erstaunlicher Eigenschaften, die wir mit unserem rationalen Verstand gar nicht so recht glauben und verstehen können. Sehen wir uns diese wundersamen Eigenschaften einmal an:

Gefühle bestehen in Reinform nur kurze Zeit.
Sie können andere Emotionen hervorrufen.
Es können mehrere – sogar sich scheinbar widersprechende – Emotionen gleichzeitig empfunden werden (Traurigkeit und Wut, Liebe und Haß, Freude und Traurigkeit, Lust und Wut, Angst und Mut . . .). Dieses nebeneinander verschiedener Emotionen erleben wir oftmals als »komisches Gefühl« oder Verwirrung – eben als einen Zustand, mit dem wir nicht so recht etwas anfangen können, in dem wir nicht so recht wissen, was wir tun sollen; besonders ist das der Fall, wenn es sich um unterschiedliche oder gar sich widersprechende Gefühle handelt (Soll ich nun lachen oder weinen? Soll ich mit ihm schlafen oder ihn lieber rausschmeißen?).
Gefühle können sich gegenseitig auslösen, abschwächen, unterdrücken und verstärken. Schuldgefühle mildern unseren Ärger, Angst und Scham verringern sexuelle Lust und in der Rivalität vorkommendes aggressives Durchsetzungsstreben oder ungestümes Vordringen in andere soziale Gefüge sowie neue Räume.

Sicher kennen Sie all diese Eigenschaften von Gefühlen, auch wenn Sie diese im Alltag nicht in der einer Beschreibung in einem Buch eigenen Klarsicht erleben. Und bestimmt haben Sie sich so manches Mal über das Undurchsichtige, was da in ihrem Gefühlsleben dann und wann vor sich geht, gewundert. Es leuchtet ja nicht auf Anhieb ein, warum jemand beim Tod einer geliebten Person zugleich traurig und wütend sein kann, jemand in höchster sexueller Erregung plötzlich vor Angst dem Liebesnest entflieht, jemand sich vor Sehnsucht nach dem Geliebten verzehrt, es aber als eine Schmach empfindet, den Telefonhöhrer abzunehmen und ihn anzurufen?

Ob uns das nun gefällt oder nicht, müssen wir feststellen, daß unsere Gefühle nicht den Regeln der Logik folgen, ja ihnen sogar meistens widersprechen – sie eine ureigene Logik haben, die uns als Unlogik erscheint. Ein Blick ins außerhumane Tierreich lehrt uns, daß dieses Zusammenspiel unserer Emotionen nicht unbedingt der regulierenden Funktion unseres Verstands, unserer Großhirnrinde bedarf, und ganz gut – so manches Mal auch effektiver und für uns fruchtbarer – ohne den Einfluß der Vernunft funktioniert.

Die Vielfalt der Gefühle

Gefühle sind in unserem Dasein allgegenwärtig; ja, wir können sogar sagen: Es gibt wohl keine Situation, in der wir nicht irgendein Gefühl haben. Nicht immer sind unsere Gefühle jedoch offensichtlich oder leicht zu identifizieren. Oftmals erleben wir auch ein Gemisch von Emotionen: Einerseits freuen wir uns auf den Abend mit dem charmanten Herrn, den wir vor einigen Tagen kennengelernt haben, anderseits sind wir auch ein bißchen ängstlich oder unsicher, wir ärgern uns über den Nachbarn, der im Lotto gewonnen hat, sind aber zugleich auch traurig und enttäuscht darüber, daß uns selbst das Glück nicht hold war, oder wir empfinden sexuelle Lust, wenn uns eine attraktive Dame in der S-Bahn anlächelt, haben aber im gleichen Moment Angst, daß sie etwas bemerken könnte, oder schämen uns wegen unserer Gelüste. Immer sind Gefühle oder Emotionen unsere Wegbegleiter. Machen Sie doch gleich einmal die Probe auf's Exempel: Wie fühlen Sie sich jetzt in diesem Augenblick?

»Wenn Gefühle unsere ständigen Begleiter sind, dann muß es aber eine Unmenge von ihnen geben.« In der Tat: Emotionen gibt es sehr viele. Dennoch fallen uns heutzutage meist nur noch wenige Gefühle ein, vorwiegend diejenigen, die wir sehr deutlich oder heftig am eigenen Leibe oder bei anderen erleben: Angst, Ärger, Trauer und Freude. Ja, das sind Gefühle, aber noch längst nicht alle. Halten Sie einen Augenblick inne und überlegen Sie, welche Emotionen Sie kennen.

Ein Blick in die Vielgestaltigkeit unseres Gefühlslebens:

Abscheu, Abneigung, Angewidertsein, Ablehnung, Angst, Ärger, Aggressivität, Angriffslust, Ausgeliefertsein, Achtung, Alleinsein, Anstrengung, Abhängigkeitsgefühl, Ausgeschlossensein, Anerkennung, Antipathie, Ausgeglichensein, Anteilnahme, Ausweglosigkeit, Ausgefülltsein, Antrieb, Antriebslosigkeit, Achtlosigkeit, Amüsiertsein, Ausgelaugtsein, Aufopferung, Ausgelassensein, Abgespanntsein,

Begeisterung, Begehren, Besorgnis, Blockiertsein, Bindungsgefühl, Befangenheit, Bedrängtsein, Befriedigung, Beleidigtsein, Beschwingtsein, Beruhigung, Bewunderung, Betroffenheit, Beteiligung, Beweglichkeit, Bewegungsfreude, Benachteiligung, Bevorzugung, Belustigung, Beengung, Bekanntheitsgefühl, Befremdung, Beschütztsein, Bescheidenheit, Boshaftigkeit, Bereitschaft, Bedrohung, Beklommenheit, Benommenheit, Betrübtsein,

Dankbarkeit, Demut, Deprimiertsein, Depressivität, Dominanz, Distanzgefühl, Durstgefühl, Desinteresse, Druck, Durchsetzungsfähigkeit,
Eifersucht, Ekel, Enttäuschung, Erregung, Entsetzen, Entrüstung, Euphorie, Erleichterung, Ehrgeiz, Erschöpfung, Erstaunen, Einsamkeitsgefühl, Erschlagensein, Eingeengtsein, Erdrücktsein, Ehrfurcht, Erstarren, Ergriffenheit, Erbarmen, Entschlossenheit, Entrücktsein, Erwartungsspannung, Egoismus, Eintracht, Erschütterung, Engstirnigkeit,
Freude, Fröhlichkeit, Frohsinn, Frustration, Furcht, Fürsorge, Feindseligkeit, Faszination, Freiheitsgefühl, Familiensinn, Freundschaftsgefühl, Freigiebigkeit, Fernweh, Freizügigkeit, Friedfertigkeit, Fremdheitsgefühl,
Glück, Glückseligkeit, Geselligkeit, Gemeinschaftsgefühl, Groll, Gereiztheit, Gehemmtsein, Getriebensein, Gier, Geiz, Gleichwertigkeitsgefühl, Gleichgültigkeit, Gesundheitsgefühl, Gezwungensein, Gelassenheit, Gutmütigkeit, Großmut, Gerechtigkeitsgefühl, Gleichmut, Geduld, Grauen, Genugtuung, Gebanntsein, Gefesseltsein, Größegefühl, Gram, Gefährdung, Gewißheit, Gewalttätigkeit,
Heiterkeit, Heimweh, Hoffnung, Hoffnungslosigkeit, Hilflosigkeit Hilfsbereitschaft, Hungergefühl, Haß, Hochmut, Haltlosigkeit, Habgier, Herzlichkeit, Hartherzigkeit, Härtegefühl, Humor, Humorlosigkeit, Heimatgefühl,
Interesse, Interesselosigkeit, Inkompetenzgefühl, Impulsivität,
Kummer, Kampflust, Körpergefühl, Krankheitsgefühl, Kameradschaft, Kompetenzgefühl, Kontrolle, Kontrollverlust, Kränkung, Kraft, Kraftlosigkeit, Kältegefühl, Kleinheitsgefühl, Klagsamkeit,

Lust, Lustlosigkeit, Liebeslust, Liebesleid, Liebeskummer, Langeweile, Liebe, Leidenschaft, Leeregefühl, Lebendigkeit, Lebenslust, Leid, Leichtigkeit, Lieblosigkeit, Lähmung, Leichtlebigkeit, Leichtgläubigkeit,
Mut, Mutlosigkeit, Munterkeit, Mütterlichkeit, Mitleid, Mitgefühl, Minderwertigkeitsgefühl, Müdigkeit, Machtgefühl, Machtlosigkeit, Mißmut, Mißtrauen, Mattigkeit,
Niedergeschlagensein, Neid, Neugier, Nähegefühl, Nervosität, Nutzlosigkeit, Nachgiebigkeit, Neuheitsgefühl, Narzismus,
Offenheit, Ohnmachtsgefühl,
Panik,
Qual,
Ruhe, Ruhelosigkeit, Rührung, Rivalitätsgefühl, Reizhunger, Reue, Ratlosigkeit, Resignation, Rastlosigkeit, Risikofreude, Redseligkeit, Rücksicht, Rücksichtslosigkeit,
Stolz, Stärke, Schwäche, Scham, Schuldgefühl, Schwere, Sehnsucht, Schmerz, Spaß, Spannung, Sinnesfreude, Schreck, Schockiertsein, Selbstsicherheit, Selbstunsicherheit, Selbstvertrauen, Selbstzufriedenheit, Selbstmitleid, Selbsthaß, Selbstliebe, Schläfrigkeit, Schlafbedürfnis, Sattheitsgefühl, Sympathie, Schreck, Sinnlichkeit, Sorglosigkeit, Sanftmut, Sturheit, Starrheit, Sprachlosigkeit, Selbständigkeit, Sinnlosigkeit, Sinnhaftigkeit, Selbstachtung, Selbstlosigkeit, Selbstbehauptung, Schadenfreude, Schutzbedürfnis, Schutzlosigkeit Sicherheit, Sicherheitsbedürfnis, Sicherheitsstreben, Spontanität, Sprunghaftigkeit, Sucht,
Trauer, Traurigkeit, Triumphgefühl, Tatkraft, Tatendrang, Trotz, Teilnahmslosigkeit, Temperament,

Temperamentlosigkeit, Trägheit, Taubheitsgefühl, Trübsal, Trostlosigkeit, Trennungsschmerz,
Unlust, Unzufriedensein, Übermut, Unmut, Unausgeglichensein, Überraschung, Überforderung, Unterforderung, Unwohlsein, Unbehagen, Unruhe, Unabhängigkeitsgefühl, Umsicht, Unterlegenheitsgefühl, Überlegenheitsgefühl, Unersättlichkeit, Übersättigung, Unausgefülltsein, Unentschlossenheit, Überheblichkeit, Unverständnis, Ungeduld, Unterwürfigkeit, Unterdrückung, Unselbständigkeit, Unbeteiligtsein, Überzeugtsein, Unwichtigkeit, Unverbrauchtsein, Ungewißheit, Ungläubigsein,
Verzweiflung, Verlangen, Verehrung, Verlegenheit, Vertrautheit, Vertrauen, Verwunderung, Verschlossensein, Vergnügen, Verletzung, Verliebtheit, Völlegefühl, Verantwortung, Verantwortungslosigkeit, Verlassenheitsgefühl, Verbitterung, Verwirrung, Vorsicht, Verstimmung, Verkrampfung, Versagen, Versöhnung, Versorgtsein, Verbrauchtsein, Vorfreude, Verbissenheit
Weichheitsgefühl, Wachheit, Weinerlichkeit, Wut, Widerwillen, Wohlbehagen, Wohlwollen, Wertlosigkeit, Wichtigkeit, Weitegefühl, Wärmegefühl, Wollust, Wehmut, Wehleidigkeit, Willenlosigkeit, Weitsicht, Widerstand, Widerspenstigkeit, Widerstreben,
Zorn, Zuneigung, Zuwendung, Zusammengehörigkeitsgefühl, Zufriedenheit, Zurückgewiesensein, Zuversicht, Zärtlichkeit, Zerrissensein, Zutrauen, Zeitgefühl, Zickigkeit, Zweisamkeit, Zerrüttung.

Daneben gibt es:
Zustände, die eher abgeleitete oder kopfgesteuerte Gefühle sind: Diese Regungen stellen in der Regel eher die Erklärung dafür dar, warum wir uns nun so

oder so fühlen (ich fühle mich hilflos, weil die Lage ausweglos ist oder ich jemandem ausgeliefert bin; ich bin stolz, weil ich anerkannt werde; ich bin enttäuscht, weil ich gekränkt, verletzt oder zurückgewiesen worden bin ...).

- Regungen, die als übersteigerte oder exzessive und pervertierte Formen natürlicher Emotionen zu werten sind: Egoismus und Narzismus als übertriebene Selbstliebe, Depressivität als übersteigerte Schuldgefühle, Panik als exzessive Angst und Furcht, Sucht und Gier als übersteigertes Verlangen ...) Oder sie sind pervertierte Formen vitaler Emotionen (Feindseligkeit als pervertierter Ärger, Mißgunst als pervertierter Neid). Während die vitalen Gefühle unserer Lust am Leben und unserem Überleben zuträglich sind, bewirken die übertriebenen und pervertierten Emotionen oder Emotionsäußerungen im allgemeinen eher Gegenteiliges. In gestörten sozialen Beziehungen, psychopathologischen Prozessen sowie bei anderen Gesundheitsproblemen spielen sie vielfach eine bedeutsame Rolle.
- Regungen, die eher natürliche Äußerungsformen vitaler Gefühle darstellen: Versöhnung als Ausdruck von Scham, Weinerlichkeit als Ausdruck von Trauer und Kummer, Zurückhaltung und Schüchternheit als Ausdruck von Angst und Unsicherheit, Durchsetzungsfähigkeit als Ausdruck von Selbstbehauptung, Zärtlichkeit als Ausdruck von Zuneigung und Liebe, usw.
- Zustände, die eher als körperliche oder physiologische Komponenten emotionaler Regungen gelten müssen (Anspannung, Entspannung, Erregung usw.).

Wir können davon ausgehen, daß die Frage danach, wieviele Gefühle es gibt, nicht allgemein gültig beantwortet werden kann. Fest steht jedoch, daß es sehr viele Gefühle gibt – in jedem Fall sind es mehr, aber auch andere als den meisten von uns heuzutage gemeinhin geläufig sind. Auch bei der Betrachtung der Rivalität, des Neids und der Eifersucht ist es wichtig, die Vielfalt unseres emotionalen Erlebens im Auge zu behalten, denn die hier im Mittelpunkt stehenden Gefühle werden von einer Unmenge anderer Gefühle beeinflußt (ausgelöst, verstärkt, abgeschwächt) und haben selbst Einfluß auf eine Vielzahl anderer Emotionen (lösen sie aus, verstärken sie, schwächen sie ab).

Vergegenwärtigen wir uns dann und wann diese weitgehend in Vergessenheit geratene Vielgestaltigkeit unseres emotionalen Erlebens, verhilft uns das dazu:

- Gefühle differenziert wahrzunehmen und zu erleben,
- vitale von pervertierten und exzessiven Emotionen und Emotionsäußerungen zu unterscheiden,
- die positiven Funktionen vitaler und die negativen Folgen pervertierter und exzessiver Gefühle sowie Gefühlsäußerungen zu erkennen, und
- zu lernen, pervertierte und exzessive Emotionen sowie Emotionsäußerungen durch die natürlichen Formen zu ersetzen.

Warum nun all das so wichtig ist, das wird deutlich, wenn wir uns gleich ansehen, warum unsere vitalen Emotionen – diese uns oftmals so obskur erscheinenden Zustände – und deren natürliche Äußerungsformen so wichtige Wegbegleiter sind.

Elixiere des Lebens – Warum wir unsere Gefühle brauchen

Ohne das Erlebnis von Lust und Unlust wären wir geistig tot; ohne das in den einzelnen Grundgefühlen aufbewahrte Wissen, was uns welche und wieviel Lust und Unlust verursachen sollte, wie aktiv wir handeln müssen, worauf sich die Handlung zu richten hat, wären wir lebensunfähig. Es ist kein menschliches Leben vorstellbar ohne die Intelligenz unserer Gefühle (Zimmer 1984).

Warum brauchen wir nun unsere Gefühle?, Wozu schlagen wir uns herum mit für uns manchmal so unangenehmen, lästigen oder gar schrecklichen Zuständen? Kurz gesagt: *Unsere Emotionen helfen uns, zu überleben und unsere Erbinformationen oder Gene an unsere Nachkommen weiterzugeben.* Auf welchen Wegen dies geschieht, das wird deutlich, wenn wir uns die wesentlichen Funktionen unserer Gefühle ansehen.

Signale und Bewertungen

Im Alltag stürzt eine Unmenge an Reizen oder Stimuli auf uns ein, egal, wo wir sind, egal, was wir tun. Gemeint ist all das, was wir sehen, hören, riechen, schmecken und tun, was mit uns und um uns herum – mit oder ohne unser Zutun – passiert, was an und in unserem Körper vor sich geht, sowie das, worüber wir nachdenken. Jeder von uns bemerkt, daß nicht alles, was auf ihn einstürmt für ihn gleichermaßen bedeutsam ist. Da gibt es so manches, das wir gar nicht wahrnehmen, anderes, das wir nur am Rande registrieren, aber auch einiges, auf das sich unsere Aufmerksamkeit richtet, auf das wir uns konzentrieren und das wir sogar im Detail wahrnehmen

Abb. 2. Viele Menschen gehen an diesem Schild vorbei, aber nur einige von ihnen nehmen es auch tatsächlich wahr.

(Abb. 2). Ähnlich wie mit dem Wahrnehmen ist es mit dem Vergessen. Manches vergessen wir ziemlich schnell, anderes behalten wir für lange, lange Zeit – vieles ein ganzes Leben lang. Fragen wir uns, wie das geschehen kann, dann sind wir wieder bei unseren Gefühlen und deren Signal- und Bewertungsfunktion.

Durch die Signal- und Bewertungsfunktion unserer emotionalen Regungen erhält das, was wir erleben, für uns ganz persönlich eine Bedeutung; dies gilt sowohl für äußere Reize wie Ereignisse und Objekte um uns herum als auch für innere Reize wie Gedanken und Körpersensationen. Wir können also sagen, daß unsere Emotionen Wahrnehmungen und Erfahrungen erst einmal in einer ganz bestimmten Art bewerten, wobei sie ihnen sozusagen ihre Bedeutung geben für uns und unsere innere Bedürfnislage. Auf diese Weise filtern oder selektieren unsere Gefühle aus der Flut all dessen, was auf uns einströmt, Wichtiges heraus. Unwichtiges lassen sie uns übersehen oder, falls das nicht gelungen ist, vergessen.

An welchen Kriterien oder Dimensionen richtet sich nun die emotionale Bewertung aus? Es geht um das, was für ein angemessenes Umgehen mit einem Reiz wichtig ist:

- Ist uns die Angelegenheit zu- oder abträglich?
- Können wir mit ihr fertig werden, sie bewältigen?
- Wie aktiv müssen wir sein, damit das gelingt?

Diese Fragen beantworten unsere Gefühle für uns, indem sie das auf uns Einstürmende bewerten nach:

- dem Ausmaß, in dem es mir selbst zuträglich ist: Ist die Sache, die Situation, die Lage gut oder schlecht für mich, bringt sie Spaß oder Ärger, Freude oder Unmut, in welchem Ausmaß ist es angenehm oder unangenehm, gut oder böse, hilfreich oder störend? Fördert oder hemmt sie die Annäherung an meine Ziele, die Erfüllung meiner Wünsche und die Befriedigung meiner Bedürfnisse, soll ich mich ihr annähern oder sie meiden?
- dem Grad der Bewältigbarkeit für mich selbst: Wie stark macht mich die Sache an, wie hoch sollte mein Adrenalinspiegel steigen, in welchem Maße echauffiert mich die Situation? Ist mein Interaktionspartner oder Widersacher stark oder schwach, kann ich die Sache beeinflussen? Welche Macht habe ich, um das zu tun, wie schätze ich meine Anpassungsfähigkeit ein, für den Fall, daß ich keinen Einfluß nehmen kann?
- dem Ausmaß, in dem ich selbst aktiv werden sollte: Sollte ich aktiv werden oder lieber die Hände in den Schoß legen, etwas unternehmen oder die Beine hochlegen, sollte ich abwarten oder die Ärmel hochkrempeln?

Indem unsere Emotionen uns auf Wichtiges aufmerksam machen und Unwichtiges in den Hintergrund treten lassen, ordnen und organisieren sie die Reizfülle, die uns mit ziemlich großer Sicherheit andernfalls überfordern würde oder nicht mehr durchblicken ließe. Diese ordnende und organisierende Funktion unserer Gefühle wird allem Anschein nach von den Zeitgenossen nicht bemerkt oder unterschlagen, die Emotionen als Verwirrungen betrachteten, sie verteufeln, weil sie ihr angeblich ansonsten wohlgeordnetes Dasein in Unordnung bringen oder gar ein krankmachendes Chaos verursachen. Sollten gerade Sie zu diesen Zeitgenossen gehören, dann versuchen Sie doch einmal sich vorzustellen, in welchem Reizwirrwarr Sie sich heute befänden, wenn Sie auf die Signal- und Bewertungsfunktion Ihrer Gefühle verzichten müßten. Der Verstand allein schafft es nicht, alles auf Sie Einstürzende zu ordnen und zu organisieren. Also: ohne Gefühle Verwirrung und Chaos!

Kommunizieren

In uns angelegt ist ein Bedürfnis nach Ausdruck unserer Emotionen in Mimik, Gestik, Sprache (einschließlich der Wortwahl, der Lautstärke der Stimme, der Tongebung und der Sprechgeschwindigkeit), Motorik, Körperhaltung.

Dazu kommen physiologische Veränderungen wie Erröten und Erblassen, Verengung oder Erweiterung der Pupillen, Schweißausbruch usw.

Wozu aber dieses Ausdrucksbedürfnis? Es entspringt der *kommunikativen Funktion* unserer Gefühle, die auf zweierlei Arten für uns und unser Miteinander mit anderen bedeutsam ist:

- retrospektiv teilen wir so unserer Umwelt das emotionale Bewertungsergebnis mit,

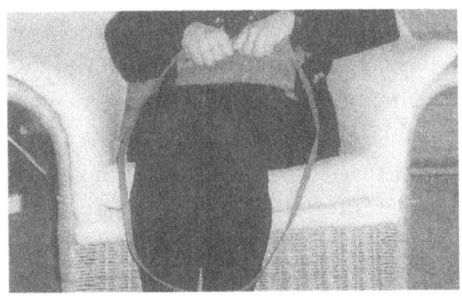

Abb. 3. Das krampfhafte Festhalten der Tasche mit beiden Händen – ein Ausdruck von Unsicherheit.

prospektiv können wir auf diesem Wege Verhaltenstendenzen, -neigungen und -absichten ankündigen oder gar androhen.

Oft genug, ja sogar viel zu oft ist es uns peinlich , schämen wir uns, kommen uns lächerlich vor oder fühlen uns entlarvt, wenn andere merken, wie wir uns fühlen (Abb. 3). Dennoch sollten wir die kommunikative Funktion unserer Emotionen nicht voreilig verteufeln, denn sie kann für uns nicht nur hilfreich, sondern sogar lebenserhaltend sein. Denken Sie beispielsweise an die Angst und deren Ausdruck. Vielleicht bekommen wir Unterstützung bei der Bewältigung von Gefahren nur dadurch, daß andere bemerken, daß wir Angst haben, auch wenn wir nicht durch Worte darum bitten können – erinnern wir uns an Säuglinge, die der Sprache nicht mächtig sind, an Menschen aus fremden Ländern, deren Sprache wir nicht verstehen, an uns selbst, wenn wir uns in Ländern aufhalten, in denen unsere Sprache nicht verstanden wird, an Situationen, in denen die Geräuschkulisse unsere Stimme übertönt, oder an Krankheiten, die unsere Stimme versiegen lassen.

Antreiben

Unsere Gefühle regen uns an, mit dem in einer angemessenen Art und Weise umzugehen, was wir – mit Hilfe unserer Emotionen – aus der Fülle auf uns einströmender Reize als für uns persönlich bedeutsam herausgefiltert haben. Diese *verhaltensanregende Funktion* unserer Gefühle wird auch als deren motivationale Komponente bezeichnet. Eigen ist diese antreibende Funktion all unseren Emotionen, obwohl sie nicht immer so deutlich ist wie beim Hungergefühl, das uns zum Kühlschrank, in den Supermarkt oder ins Restaurant treibt.

Neben einer allgemeinen Verhaltensdisposition regt jede spezifische Emotion in ihrer jeweiligen Ausprägung ganz emotionsspezifische Verhaltenstendenzen und -muster an. Dabei können die bei einem bestimmten Gefühl angeregten Verhaltensweisen vielfältig sein. Insbesondere das aggressive und das sexuelle Taktieren nimmt schon bei Tieren eine erstaunliche und bisweilen bezaubernde Vielfalt an, die weit über den relativ starren Ablauf einer Instinktreaktion hinausgeht. Auch ist die antreibende Funktion unserer Emotionen weniger zwingend als bei Instinkten; bei genauerer Betrachtung können wir jedoch feststellen, daß die Verhaltensanregung ganz schön fordernd sein kann.

Wir können davon ausgehen, daß die wichtigsten Lebensvorgänge von unseren Gefühlen geregelt werden; dies lehrt uns ein Blick ins Tierreich. So regeln Emotionen beispielsweise: die Nahrungsbeschaffung und -bewertung (Ernährung), das Zeugen und die Aufzucht der Nachkommen (Fortpflanzung), die Gesundheitspflege und -vorsorge (Gesundheitswesen), den sozialen Umgang mit Artgenossen (Sozialwesen), die Arbeitsteilung (Wirtschaft) und den Rang (Militärwesen). Rivalitätsgefühl,

Neid sowie Eifersucht spielen bei diesen Lebensvorgängen eine wichtige Rolle.

Energie mobilisieren

Unsere vitalen Emotionen stellen uns zweierlei Arten von Energie zur Verfügung:

- *psychische Energien,* in der Form von Aufmerksamkeitslenkung und Konzentrationssteigerung, die dem Wahrnehmen und Bewerten von sowie dem Beschäftigen mit für uns persönlich bedeutsamen Reizen (Wahrnehmungs- und Bewertungsfunktion von Emotionen) dienen,
- *physische Energien,* in der Form von Veränderungen innerhalb unseres Organismus (Blutdruck, Blutzucker- und Cholesterinspiegel, Puls- und Atemfrequenz . . .), wodurch es uns möglich ist, unsere Emotionen auszudrücken (kommunikative Funktion von Emotionen) und entsprechend zu handeln (verhaltensanregende Funktion von Emotionen).

Evolution und Emotion

Seit etwa 4 Millionen Jahren gibt es den aufrechten Gang und den Menschen, den Homo sapiens. Wir können davon ausgehen, daß unser Emotionssystem mit seinen einzelnen Emotionen und Gegenkontrollmechanismen in der Evolution (der stammesgeschichtlichen Entwicklung) über Jahrmillionen ausgebildet und eingepaßt wurde in unsere ausgesprochen breite ökologische Nische. Einiges von dem, was da im Verlauf der biologischen und kulturellen Evolution passiert ist, müssen wir im Blick behalten, wenn es heute darum geht, mit unseren Gefühlen im allgemeinen und hier der Rivalität, dem Neid sowie der Eifersucht im besonderen in einer gesunden Art und Weise umzugehen.

Biologische Evolution und Gefühle

Folgen wir der Evolutionstheorie, können wir davon ausgehen, daß sich die Lebewesen dieses Erdballs über Millionen von Jahren entwickelt haben, und zwar in einem Wechselspiel von zufälligen Erbfehlern (Mutation) und zielgerichteter Auslese der überlebensfähigsten Individuen(Selektion).

Die Emotionen haben sich im Laufe dieser Entwicklung als wichtige Lebens- und Überlebenshelfer schon bei unseren Vorfahren – auch denjenigen im außerhumanen Tierreich – herausgebildet und bewährt. So können wir davon ausgehen, daß in unseren Gefühlen Wissen gespeichert ist, das unsere Vorfahren im Umgang mit lebenswichtigen Situationen gesammelt haben. Das Vorkommen von Emotionen innerhalb der stammesgeschichtlichen Entwicklung ist an die Entstehung des limbischen Systems gebunden. Bei dem *limbischen System* handelt es sich um ein funktionell zusammenhängendes, ringförmig um den Hirnstamm angeordnetes Hirnareal; es bildet den entwicklungsgeschichtlich ältesten Teil des Großhirns.

Wesentlich später als das limbische System, das hirnorganische Zentrum der Emotionen, hat sich der *Kortex oder Neokortex* (Großhirnrinde) entwickelt. Noch keinen Kortex gibt es bei Fischen, ein zunehmend größerer Kortex ist bei Amphiben, Reptilien und Vögeln vorhanden. Eine weitere Größenzunahme ist feststellbar bei nichthumanen Säugetieren bis zu den Affen. Beim

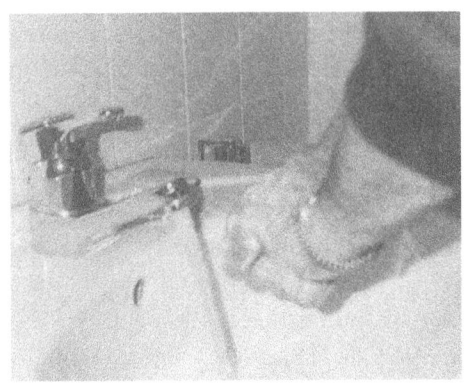

Abb. 4. Daß wir heute fließendes Wasser haben, nicht mehr zu Brunnen, Flüssen, Bächen oder anderen Wasserquellen eilen müssen, bedeutet noch nicht, daß wir uns von unseren vor uns lebenden Vorfahren wesentlich unterscheiden.

Menschen erreicht die Großhirnrinde schließlich ihren größten Umfang. Die Großhirnrinde ist hauptsächlich verantwortlich für das Sprechen, Denken, Urteilen, Lernen, die Informationsspeicherung sowie für das Entschlüsseln komplexer Nachrichten, die wir mit Hilfe unserer Sinnesorgane aufgenommen haben. Denken wir an die vielen Jahrmillionen, in denen sich das Leben entwickelt hat, dann existiert die Großhirnrinde des Menschen, seine sogenannte Vernunft, seine Ratio, seine Sprache erst für eine relativ kurze Zeit. Dies sollte uns veranlassen, diese noch jungen Eigenarten des Menschen als kurz laufende und noch völlig unentschiedene Experimente zu betrachten. Das heißt, daß wir unseren rationalen Fähigkeiten nicht allzu sehr trauen sollten. das fällt schwer, denn »emotional« zu sein ist verpönt; es gilt, kontrolliert und rational zu bleiben. Unsere vitalen Gefühle müssen unterdrückt, verdrängt und klein gehalten werden. Mit dem Niederknüppeln unserer Gefühle – so auch unseres

Rivalitätsgefühls, unseres Neids und unserer Eifersucht – sind wir auf dem Holzweg, und die unterdrückten Emotionen wehren sich mit physischen und psychosomatischen Störungen.

Denn in den 3–4 Millionen Jahren der Existenz des Homo sapiens hat die Natur ihn nur sehr, sehr langsam verändert; was die Natur ein-, um- oder angebaut hat, das bewahrt sie über Zig-, ja Hunderttausende von Jahren. Und viel spricht dafür, daß die Anpassung des Menschen an die Umwelt durch Veränderung von Erbanlagen in den letzten Jahrtausenden nicht mehr vorangekommen ist. Denn kulturelle Einflüsse haben die Bedeutung und Wirksamkeit biologischer Selektionsfaktoren reduziert. Folglich können wir davon ausgehen, daß wir, als gegen Ende des 20. Jahrhunderts lebende Menschen, biologisch betrachtet, von unserer erblichen körperlichen und seelischen Konstitution her nicht so sehr viel anders geartet sind als unsere Vorfahren im alten Griechenland, in den Bauernkulturen der Metallzeiten, als die Ackerbauern und Viehzüchter in der Mittelsteinzeit bis hin zu den Jägern und Sammlern in der Altsteinzeit (Abb. 4).

Kulturelle Evolution – Fortschritt und Zumutungen

In den beiden Jahrtausenden nach Christus und den letzten Jahrtausenden davor haben wir also eine – zumindest relative – Stagnation der *biologischen Evolution*; zugleich hat aber die *kulturelle Evolution* ein rasantes Tempo vorgelegt. Datiert wird der Beginn der kulturellen Evolution auf die Anfänge der planmäßigen Herstellung von Werkzeugen für zukünftigen Gebrauch. (Menschenaffen, allen voran die Schimpansen, stellen Werkzeuge für die unmittelbare Nutzung her.) Die Spezialisierung und

Komplexität der Geräte nahm erst sehr langsam zu – dann gewaltig, explosiv, exponentiell; derzeit befinden wir uns auf der Senkrechten einer Exponentialkurve, und kein Mensch weiß so recht, wo das enden soll. Nicht vergessen sollten wir jedoch, daß all unsere Errungenschaften (nicht nur die technischen, sondern auch die sozialen und anderen gesellschaftlich-zivilisatorischen) genau genommen nur Werkzeuge, also Organverstärker darstellen; die von uns mit Hilfe dieser Potenzmittel verfolgten Ziele bleiben weiterhin im Dunkel unseres Emotionssystems.

Das Prekäre in unsere Zeit ist nun keineswegs die Tatsache, daß wir, wie unsere Vorfahren, mit scheinbar primitiven Instinkten, Affekten, Trieben und Emotionen ausgestattet sind! Nein, es ist etwas ganz anderes! Das wirklich Prekäre besteht darin, daß kulturelle Einflüsse angeborene Verhaltensweisen – selbst die lebensnotwendigen – unterdrücken können. So bringen wir mit unserer Großhirnrinde es unter anderem fertig, auf Sexualität zu verzichten (anstatt sie er- und auszuleben), Nahrung zu verweigern (um so Aufmerksamkeit und Zuwendung zu erhaschen, um unserem Schlankheitsideal nachzujagen), oder auf eine Bedrohung nicht mit Kampf zu reagieren (stattdessen ziehen wir uns zurück, suhlen uns im Selbstmitleid, hoffen auf das Mitleid anderer, beneiden andere, denen es tatsächlich oder vermeintlich besser geht) Bedenken wir, daß da Lebensnotwendiges abgestellt wird, können wir uns eigentlich nur noch wundern über uns selbst und die Zumutungen, die wir uns da leisten!

Was wir erkennen müssen, ist folgendes: Das rasante Tempo der kulturellen Evolution etwa hinsichtlich der Veränderung sozialer Strukturen und Verhaltensnormen, aber auch der technische Fortschritt stürzen uns in Konflikte mit unserer Umwelt (Zerstörung des Ökosystems), mit den biologischen Grundlagen unseres Verhaltens sowie mit unserer Emotionalität. Eine der rasanten Geschwindigkeit der kulturellen Evolution entsprechende Anpassung unseres Emotionssystems an die sich rapide verändernde Kultur mit ihren technischen Merkmalen ist unmöglich. Unsere Bemühungen, das emotionale Geschehen auf gedanklichem (kognitivem) Wege zu steuern und zu unterdrücken, scheitern. Dort, wo dieses Bemühen nicht scheitert, das kognitive Steuern oder Unterdrücken von Gefühlen also gelingt, ist es häufig Ursache psychopathologischer Störungen und anderer gesundheitlicher Probleme.

Jedem das Seine

Dies soll kein Plädoyer sein für das Abschaffen unserer Großhirnrinde, für das Ausschalten unserer Vernunft, unserer Ratio sowie all der – bei richtiger Anwendung – für uns überaus nützlichen Fähigkeiten wie Reflexion eigenen Handelns sowie Denkens, flexibles Handeln, Durchblicken komplizierter Zusammenhänge.

Was wir brauchen – und das bitte nie wieder vergessen –, ist ein *gleichberechtigtes, den jeweiligen Funktionen Rechnung tragendes Zusammenspiel unseres Emotionssystems und unserer Vernunft.*

Weil die Evolution noch nicht soweit ist, über Anpassungsprozesse ein unserer Gesundheit und unserem Überleben zuträgliches Zusammenspiel der uns oftmals als Kontrahenten erscheinenden Vernunft und des Gefühlshaushalts herbeizuführen, müssen wir es eben selbst tun. Damit uns dies gelingt, sollten wir um die Funktionen von Vernunft und Gefühl, die es in Einklang zu bringen gilt, wissen. Was unsere Emotionen leisten, haben wir bereits oben gesehen; was unser Denken uns bringt, dazu kommen wir jetzt.

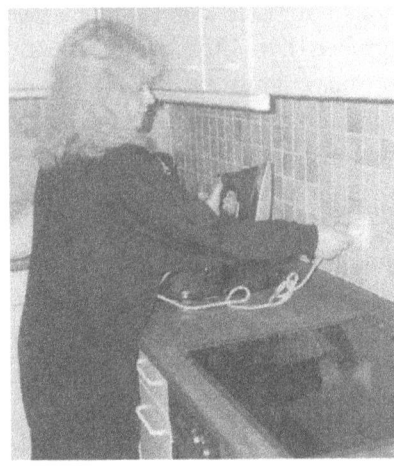

Abb. 5. Wie wirksam ist bei Ihnen der Gedanke: »Es müßte ja eigentlich gebügelt werden!«? – Wie oft treibt nur der Gedanke Sie dazu, hurtig das Bügeleisen aus dem Schrank zu holen und loszulegen?

Denk mal

Wozu brauchen wir das Denken? Wie beeinflussen unsere Kognitionen unsere Gefühle? Das sind die Fragen, um die es im folgenden geht.

Warum wir denken

Wie unsere Emotionen haben auch unsere Kognitionen eine Erkenntnis-, Bewertungs- oder Orientierungsfunktion sowie eine handlungssteuernde Funktion. Die emotionale Einschätzung und Bewertung einer Situation ist jedoch *unmittelbarer* und der kognitiven oft voraus. Vor allem ist sie *motivierend,* d. h. sie regt zum Handeln an. Das soll nun nicht bedeuten, daß es nicht auch Handlungen gibt, die primär unter kognitiver Kontrolle eingeleitet werden. Dennoch wissen wir alle, daß die Überlegung, dieses oder jenes müsse getan werden, allein in den seltensten Fällen etwas oder jemanden in Bewegung

Tabelle 1. Funktionsteilung zwischen Emotionen und Kognitionen. (Nach Kruse 1985)

Kognitionen	Emotionen
Erkenntnis und Orientierungsfunktionen	
Differenzierte Widerspiegespiegelung der Wirklichkeit	Repräsentation der Wirklichkeit in wenigen, vital bedeutsamen Codes
Sozial erzeugte Abbilder der Wirklichkeit (sprachlich)	Biologisch präformierte Codes
»Wertfreie« Information	Subjektive, motivationale Information
Flexible, leicht änderbare Abbilder	Ausbildung fester, schwer änderbarer Verknüpfungen von Emotionen zu Auslösern
Bewußt steuer- und kontrollierbar	Entziehen sich bewußter Steuerung
Funktionen in der Handlungssteuerung	
Intellektuelle Steuerung	Motivationale Steuerung
Kalkulation von Handlungseffekten und -mitteln, Planung	Rückbezug von Handlungselementen auf Tätigkeitsmotive
Steuerung des Erwerbs neuer Handlungen	Steuerung routinisierter Handlungen, Notfall- und Schutzreaktionen (Schreck, Angst)

bringt (Abb. 5). Nur wenn uns die unlustvollen Konsequenzen bei Unterlassung oder die lustvollen bei Vollzug ins Bewußtsein kommen, geht es wirklich los. Andere Unterschiede zwischen dem Denken und Fühlen innerhalb des Erkenntnis-, Bewertungs- oder Orientierungsprozesses sowie im Rahmen der Handlungssteuerung zeigt Tabelle 1.

Trotz der heutzutage verbreiteten Bevorzugung des Denkens gegenüber dem Fühlen, kommen wir nicht umhin festzustellen, daß unsere Kognitionen letztlich *Werk-*

zeuge unserer Emotionen sind. Das Gefühl ist nicht nur die antreibende Kraft, sondern bestimmt auch die Richtung unseres Verhaltens. Der Vernunft ist hier lediglich die Rolle eines Kraftverstärkers zuzubilligen. Folglich bewegen sich unsere Emotionen nicht um die Vernunft, sondern die Vernunft bewegt sich um die Emotionen. Das bedeutet, daß unsere Vernunft es schafft, Mittel zu ersinnen, mit denen wir das effektiver erreichen können, wozu unsere Emotionen uns veranlassen. So ermöglicht es der Verstand beispielsweise, Autos zu konstruieren, mit denen wir von A nach B Hause gelangen; das kommt nicht nur unserer Bequemlichkeit entgegen, sondern ist in vielen Fällen auch überaus nützlich für uns. Dennoch können wir auch ohne Auto von A nach B gelangen; zwar wäre das umständlicher und zeitaufwendiger, unmöglich ist es aber nicht.

Doch unsere Ratio bringt nicht nur Nützliches hervor. So ist eine *differenzierte Wahrnehmung und Einschätzung von Situationen,* wie sie der Verstand vornimmt, oftmals notwendig und hilfreich für uns; aber jeder weiß auch, daß es unser Verstand ist, der häufiger, als uns lieb sein kann, vieles komplizierter sieht, als es notwendig wäre. Er hemmt und hindert uns daran, das zu erreichen, was wir wollten, zu dem uns unsere Emotionen veranlassen. Unsere Vernunft ermöglicht uns auch das *vorausschauende Beurteilen von Gegebenheiten;* Vorausschau ist gut, aber es kann auch des Guten zuviel sein – wieder erreichen wir nicht das, was wir wollten. Ebenso wird niemand leugnen, das es vielfach hilfreich ist, geplant zu handeln; aber wieder weiß jeder von uns, daß wir nicht selten zuviel planen und die Sache steckenbleibt – wir also wieder nicht erreichen, was wir eigentlich wollten. Und ebenso verhält es sich mit der großen Bedeutung, die das Konstruieren komplizierter Maschinen für uns und unser Überleben haben kann; jedoch konstruieren wir nicht nur dem Überleben dienliche, sondern auch diesem entgegenstehende komplizierte Gerätschaften.

Unsere Ratio, unsere Vernunft, unser Verstand, unsere Kognitionen sind *Werkzeuge* unseres Gefühlslebens – nicht mehr und nicht weniger! Sie können unsere Gefühle oder Emotionen, unsere Antriebe, Bedürfnisse und Motive fördern, beschleunigen, verstärken, aber auch abschwächen, hemmen und unterdrücken. So können sie unserer Lust am Leben und unserem Überleben unschätzbare Dienste leisten, beidem jedoch auch entgegenstehen.

Wie das Denken das Fühlen beeinflußt

Im Laufe seiner *Sozialisation,* seiner Einordnung in und Anpassung an die Gesellschaft erwirbt jeder Mensch ein Normen- und Wertesystem, das allgemein seinem Kulturkreis, speziell aber seinem unmittelbaren Umfeld und Erfahrungsraum entspricht (seiner sozialen Schicht, seiner Familie, seiner Gruppe der Gleichaltrigen ...); dieses Normen- und Wertesystem kann durch eigene Überlegung und teilweise Neukombination von Erfahrungen individuell ausgestaltet werden. Aus diesem System werden Einstellungen zum emotionellen Erleben und zu seinem Ausdruck abgeleitet. Auf verschiedenen Wegen können solche Einstellungen und Kognitionen das Wahrnehmen und Erleben von Gefühlen – so auch unser Rivalitäts-, Neid- und Eifersuchtsgefühl – sowie deren Ausdruck beeinflussen. Bei jedem von uns finden solche Beinflussungen andauernd statt.

Erhöhung der Aufmerksamkeit und Empfänglichkeit für emotionsauslösende Reize durch kognitive Einstellungen. Eine bestimmte kognitive Einstellung kann die Aufmerksamkeit oder Empfänglichkeit für bestimmte Reize oder Stimuli erhöhen. So ist es beispielsweise ziemlich wahrscheinlich, daß wir häufiger Rivalitätsgefühle haben, wenn uns die Einstellung eigen ist: »Unsere Gesellschaft ist eine Ellenbogengesellschaft, also muß ich auch meine Ellenbogen benutzen!«, oder daß wir öfter Neidgefühle haben, wenn wir denken: »Anderen geht es immer besser als mir, ich wollte mir ginge es auch mal so gut!« Solche Einstellungen bilden eine gute Voraussetzung dafür, daß wir vermehrt die entsprechende Gefühle auslösenden Situationen wahrnehmen. Wir können solche Einstellungen auch betrachten als verbalisierte Komponenten der entsprechenden emotionalen Haltungen, beispielsweise der Rivalität, des Neids oder der Eifersucht.

Anders verhält es sich mit der kognitiven Einflußnahme auf den Anreizcharakter einer Situation, z.B. durch Aufzählen und Vergegenwärtigen aller Pferdefüße eines sehr attraktiven, aber nicht erreichbaren und somit frustrierenden Reizes (Saure-Trauben-Strategie). Hier stehen Gefühle der Attraktion und des Verlangens solchen der Enttäuschung und des Ärgers gegenüber. Welcher Rivale, Neider oder Eifersüchtige kennt das nicht? Die kognitive Abwertungsoperation soll dabei in zukünftigen Situationen auftretende unerfreuliche Gefühlskonstellationen abmildern.

In wieder anderen Fällen helfen Kognitionen für die Emotionsauslösung relevante Stimuli zu erkennen. Treffen wir beispielsweise bei einem romantischen Abendessen mit unserem Gatten eine freundliche, aufgeschlossene, uns unbekannte Frau, weckt diese unser Interesse und vielleicht sogar Freude auf einen amüsanten Abend sowie über eine neue Bekanntschaft. Wissen wir jedoch, daß es sich um die reiche und attraktive Dame handelt, die unseren Gatten ständig und ohne für uns erkennbaren Grund im Geschäft aufsucht, werden wir ärgerlich, neidisch und eifersüchtig.

Schließlich wirken sich Einstellungen auf den Anreizcharakter von Reizen in der Art aus, daß wir die Konfrontation mit solchen Reizen gleich vermeiden. Wissen wir, daß wir von Neid gequält werden, wenn wir mit unserer Freundin sprechen, die gerade ihr zweites Kind erwartet, gehen wir Gesprächen mit ihr ebenso wie ihr selbst aus dem Wege.

Auslösung von Gefühlen durch gedanklich erzeugte, emotionsauslösende Stimuli. Emotionsstimuli erzeugende Kognitionen sind beispielsweise Selbstinstruktionen oder Autosuggestionen (z. B. die Formeln des autogenen Trainings). Das Erzeugen bildhafter Vorstellungen scheint zur Auslösung von Gefühlen besonders geeignet zu sein (Abb. 6). Auf diese Weise werden bei der systematischen Desensibilisierung, einem Verfahren zur Behandlung von Ängsten, ängstigende Situationen durch (Selbst-)Instruktionen aufgebaut und Angst gezielt hervorgerufen. Gedanklich erzeugte Stimuli von Gefühlen können sowohl aus dem Gedächtnis abgerufen als auch neu konstruiert werden. Gleiches gilt auch für das bewußte Ausmalen von Phantasien, welche die emotionale Bereitschaft für nachfolgendes Verhalten (Beischlaf bei sexuellen Phantasien, Boxkampf bei gezielten aggressiven Vorstellungen . . .) fördern oder auch als Ersatz für eben dieses Verhalten dienen können. Nicht nur in der systematischen Desensibilisierung, sondern auch in anderen imaginativen psychotherapeutischen Verfahren werden Vorstellungsbilder verwendet, um Emotionen auszulösen, aufzudecken und zu beeinflussen.

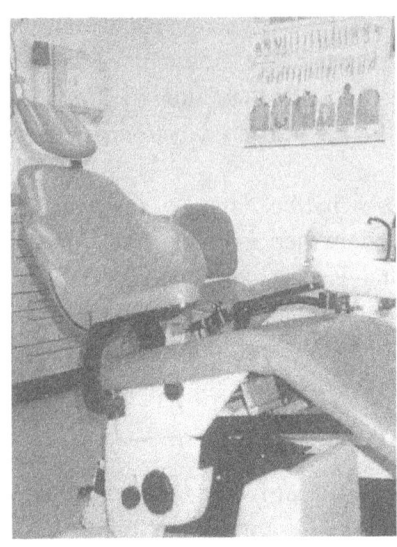

Abb. 6. Hier können wir uns ausmalen, wie es sein wird, wenn wir beim Zahnarzt sind.

Verstärkung oder Dämpfung von Emotionen durch Kognitionen. Kognitive Verstärkung oder Dämpfung von Emotionen findet überall dort statt, wo bei einer im Aufbau befindlichen Emotion entsprechende oder aber widersprüchliche Gedanken zu ihrer Beeinflussung eingesetzt werden. Ja, dies ist sogar die Frage, ob es sich nicht in den meisten Fällen der im vorhergehenden Abschnitt beschriebenen kognitiven Auslösung von Gefühlen um Verstärkungsprozesse handelt. Dies würde bedeuten, daß im Regelfall eine emotionale Anregung (z. B. dazu, neidisch oder eifersüchtig zu sein) vorhanden ist, die auf kognitivem Wege ausgemalt und aufgebaut – also verstärkt – wird.

Beeinflussung der Äußerungsdisposition für eine Emotion mit Hilfe von Gedanken. Die kognitive Beeinflussung der Äußerung einer bestimmten Emotion ist wohl die bedeutsamste Möglichkeit kognitiver Einfluß-

Abb. 7. Da stehen wir nun vor dem Drucker, durch den wir gerade unsere Kontoauszüge bekommen haben. Welch eine Freude! – Ein traumhafter Kontostand springt uns in die Augen! Doch uns ach so vernünftigen Zeitgenossen bereitet es selbst bei einem so erfreulichen Anlaß Schwierigkeiten, mal einen Luftsprung, ein Juchzen oder ein fröhliches Liedchen zu riskieren.

nahme auf das emotionale Geschehen. Jede Emotion, auch wenn sie kognitiv verändert (z.B. gedämpft) wurde, drängt nach Ausdruck.

Der Ort, an dem das Denken den stärksten Einfluß auf die Emotionen nimmt, ist der, an dem die Weichenstellung zu ihrer Äußerung sowie der Art und Weise dieser Äußerung stattfindet. So können bestimmte kognitive Haltungen den Ausdruck von Gefühlen begünstigen, während andere darüber befinden, in welcher Situation wem gegenüber welches Gefühl gezeigt werden darf oder ob es besser für andere nicht zu erkennen sein sollte (Abb. 7). Entsprechende Einstellungen können dazu führen, daß

- Gefühle geäußert werden,
- sie zwar in der Auslösesituation geäußert, aber auf andere als die auslösenden Objekte gerichtet werden,
- ihr Ausdruck zeitlich verschoben wird oder
- der Ausdruck bestimmter Gefühle grundsätzlich gehemmt oder unterdrückt wird.

Letzteres kann so weit gehen, daß Gefühle nicht mehr wahrgenommen werden. Wird der Ausdruck bestimmter Gefühle ständig auf gedanklichem Wege unterbunden, können daraus unzählige Probleme entstehen.

Wir alle verfügen über Strategien, mit deren Hilfe wir im Alltag – manchmal öfter und stärker, als gut für uns ist – versuchen, Gefühle wegzuschieben, also sie abzuschwächen oder sie sogar ganz unter den Teppich zu kehren. Solche Abwehrstrategien sind Beispiele für die Einflußnahme des Denkens auf das Fühlen. Welche Abwehrstrategien das sind, daß sehen wir uns im 8. Kapitel an, wenn es darum geht, wie wir unsere Rivalität, unseren Neid und unsere Eifersucht im Alltag wegschieben.

Warum Reinsteigerer im Unrecht sind

Wir haben oben festgestellt, daß unsere Gefühle nach Ausdruck drängen und die zentrale Funktion dieses Ausdrucksbedürfnisses in der Kommunikation zu sehen ist. Das unseren Emotionen eigene Ausdrucksbedürfnis ist jedoch nicht nur wegen dieser kommunikativen Funktion bedeutsam. Es dient zugleich dem Abschwächen zu starker – als quälend erlebter – Gefühle. Gemeint ist hier das, was wir meist als Abreagieren – in der Psychologie als Katharsis (auch Reinigung von krankmachenden oder pathogenen Affekten) – bezeichnen. Vielleicht weiß der

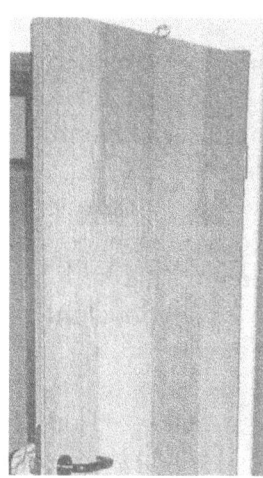

Abb. 8. So ein Türwurf aus Wut, der kann dann und wann ganz schön erleichternd sein!

eine oder andere von Ihnen noch (als Kind wußten Sie es nämlich mit Sicherheit) wie wohltuend es sein kann, mit oder ohne Kopfkissen oder Papiertaschentüchern Rotz und Wasser zu heulen, aus vollem Halse und von ganzem Herzen loszulachen, vor Freude zu singen, zu springen und zu tanzen, bei Ärger vor sich hin zu schimpfen, mal kräftig zu brüllen, da und dort herumliegenden Gegenständen einen mehr oder weniger sanften Tritt zu versetzen (Abb. 8), mit dem Fuß aufzustampfen oder der Faust auf Tisch oder Sessellehne zu hauen, etwas an die Wand zu werfen (leere Eierkartons sind bei unseren Klienten zur Zeit beliebte Wurfobjekte) oder bei Schmerzen zu jammern, zu klagen und zu grimassieren.

Vielleicht gehören Sie aber auch zu den *Reinsteigerern?* Gemeint sind diejenigen Damen und Herren, die von der eigenartigen und befremdlichen Auffassung überzeugt sind, daß wir uns durch solche »Gefühlsausbrüche« in unsere Emotionen erst hineinsteigern. Wie kommt aber nun die Auffassung zustande, daß wir uns durch das

Ausdrücken unserer Gefühle in dieselben hineinsteigern und die zugrundeliegende Emotion verstärken? Die Reinsteigerer haben festgestellt, daß bisweilen ein bißchen mehr Gefühlsausdruck kommt, wenn unterdrückte Gefühle ausgedrückt werden. Und aus dieser trivialen Erkenntnis konstruieren die Reinsteigerer nun ihre Rückkopplungstheorie: Wir haben ein Gefühl (welches auch immer), das sich dann, wenn wir es ausdrücken, verstärkt, wodurch es im weiteren zu einer Verstärkung des Emotionsausdrucks kommt, was wiederum eine Verstärkung des Gefühls zur Folge hat und so weiter und so fort. Der Haken an der Sache ist allerdings der, daß dieser rückgekoppelte Gefühlsausdrucksmechanismus nirgendwo funktioniert. Stellen Sie sich doch einmal vor, das würde bei der Freude klappen! Wie gut würde es uns dann gehen! Wir hätten ein Paradies oder Schlaraffenland auf Erden – brauchten uns wegen nichts und niemandem mehr quälen, müßten nicht leiden und hätten keine Sorgen. Nein: *Es klappt eben nicht mit dem Reinsteigern in unsere Gefühle.*

Zutreffend ist die Beobachtung, daß sich Gefühle – insbesondere die mobilisierte Energie – noch verstärken können, wenn sie bis zu ihrem Ausdruck und ins Verhalten vorgedrungen sind. Das bedeutet aber keinesfalls, daß wir den emotionalen Ausdruck sowie die emotionale Reaktion permanent unterdrücken sollen. Zu den Funktionen unserer Gefühle gehört, daß für die Kommunikation und Verhaltensanregung Energien mobilisiert werden, und zwar psychische (Aufmerksamkeitslenkung und Konzentrationssteigerung) ebenso wie physische (Erhöhung des Blutdrucks, des Blutzucker- und Cholesterinspiegels...). Und wo sollen diese Energien nun hin, wenn wir unsere Emotionen nicht ausdrücken, die bereitgestellten Energien also nicht nutzen (auf eine Bedrohung nicht mit Kampf reagieren, vor einer durch Flucht zu beseitigenden Gefahr nicht davonlaufen)? Sie können jedenfalls nicht alle in unsere Großhirnrinde hineingebuttert und dort genutzt werden für, wie wir meinen, Sinnvolles wie hochgeistige Tätigkeiten. Die so veränderte Nutzung von Energien wird in der Psychologie Sublimierung genannt. Doch entgegen vieler Meinungen funktioniert das so nicht. Wenn uns also das Ausdrucksbedürfnis drängt, unsere Gefühle zu zeigen, die Gestaltung des Ausdrucks ihrerseits auch noch emotional gesteuert ist und wir inzwischen die Unzulänglichkeit unseres kognitiven Systems erahnen, und hier grundlegend etwas ändern wollen, zu welchen Verwirrungen und Schäden muß es dann kommen, wenn wir auf Schritt und Tritt gezwungen werden, unseren emotionalen Ausdruck zu verschieben, zu verzerren, zu verheimlichen oder zu unterbinden. Es kostet den psychischen und physischen Apparat extreme Energien die allerorts entfachten emotionalen Energien in Schach zu halten. Denn so kommt es nicht nur zu mannigfaltigen Beeinträchtigungen des Wohlbefindens, also psychopathologischen Störungen sowie sich vorwiegend im physischen Bereich manifestierenden Gesundheitsproblemen, sondern auch zu problematischem Verhalten in unzähligen Ausprägungsformen, wobei pervertierte und langfristig auch exzessive Emotionsäußerungen nur zwei von etlichen Verhaltensauffälligkeiten oder gar -störungen sind.

Was wir dabei keinesfalls vergessen sollten, ist, daß diese extreme Unterdrückung von Emotionsäußerungen in ihrer vollen Brisanz eine absolut moderne, den letzten Sekunden in der Menschwerdung entspringende Entwicklung darstellt. Schon deshalb sollten wir dieser Entwicklung ausgesprochen skeptisch gegenüberstehen; und dies nicht zuletzt deshalb, weil es bis dato noch keine evolutionäre Hand gibt, die sich schützend über diese Entwicklung legt.

2 Rivalität, Neid, Eifersucht – Was ist das?

Rivalität, Neid und Eifersucht sind, wie andere Gefühle auch, vitale emotionale Regungen, die zu unserem Leben gehören, ja sogar für unser Überleben notwendig sind. Aber wie sind diese Emotionen nun konkret zu beschreiben? Wie hängen sie miteinander zusammen? Worin unterscheiden sie sich voneinander? Darüber soll in diesem Kapitel Klarheit geschaffen werden.

Rivalität genauer besehen

Wir alle kennen die Rivalität, und wissen, es geht dabei um so etwas wie Kampf, Sieger und Besiegte. Aber wie sieht diese Emotion nun konkret aus? Zu einer Beschreibung dessen kommen wir, wenn wir uns die Merkmale dieses Gefühls ansehen: *die Auslöser, innerorganismische Veränderungen, Ausdruck und angeregtes Verhalten.*

Auslöser

Es handelt sich um einen Zustand, der entsteht, wenn wir etwas erreichen oder behalten wollen, das uns und anderen wichtig ist. Das kann etwa folgendes sein:

- in dem tatsächlich oder allem Anschein nach weder wir anderen noch andere uns voraus sind, das uns und anderen wichtig ist: die Position des Geschäftsführers, die bislang weder wir noch andere innehaben,
- in dem andere uns wahrhaftig oder anscheinend voraus sind, und wir einen Mangel erleben: eine attraktive Sexualpartnerin wie andere sie haben, und wir sie gerne hätten,
- in dem wir anderen in Wirklichkeit oder dem Anschein nach voraus sind, und was uns andere abjagen wollen, so daß wir einen drohenden Verlust erleben: die Liebe unseres Ehemannes;

Das uns und anderen Wichtige kann etwas sein, das:

- man besitzen oder haben kann: eine Eigentumswohnung in bester Wohnlage, volle Haare, wohlgeformte Brüste, einen Arbeitsplatz mit Aufstiegschancen und guter Bezahlung, handwerkliches Geschick, keine finanziellen Sorgen und Gesundheitsprobleme, Freiheit, soziale Sicherheit . . .;
- man sein kann: ein feuriger Liebhaber, eine perfekte Gastgeberin, ein im Betrieb unersetzbarer Mitarbeiter, eine bei allen Enkelkindern beliebte Großmutter, ein mit allen Wassern gewaschener Vertreter, eine in allen Erziehungsfragen perfekte Mutter, Klassenbester . . .;
- man tun kann (Abb. 9): dreimal pro Jahr in den Urlaub fahren, selbstbewußt auftreten, Freunde finden, geistreiche Gespräche führen, im Handumdrehen den Haushalt schmeißen, ohne Angst mit einem Flugzeug fliegen; so flirten, daß es nicht nach plumper Anmache aussieht . . .;

Abb. 9. Wer ist die beste Hausfrau?

man bekommen kann: Liebe, Fürsorge, Unterstützung, Aufmerksamkeit, Anerkennung, Präsente, Lohnerhöhungen . . .;
zu einem gehören kann: ein attraktiver Sexualpartner; eine verständnisvolle Lebenspartnerin; viele Kinder; ein großer Freundes- und Bekanntenkreis, eine »Busenfreundin«; ein Kumpel, mit dem man Pferde stehlen kann . . .

Entstehen kann dieser Zustand, wenn wir entsprechende Auslöser mit Hilfe unserer Sinne wahrnehmen oder sie uns in Gedanken vorstellen.

Innerorganismische Veränderungen

Der so ausgelöste Zustand geht einher mit Veränderungen innerhalb unseres Organismus, einem oftmals als unangenehm erlebten Erregungsanstieg (mit einem Zunehmen der Muskelspannung, der Herz- und Atemfrequenz, der Körpertemperatur, des Blutzucker- und Cholesterinspiegels und anderen physiologischen Veränderungen), die sich wiederum niederschlagen in äußerlich sichtbaren, riechbaren oder tastbaren Körperveränderungen wie Erröten, aber auch Erblassen, Schwitzen.

Ausdruck

In der Körperhaltung, -orientierung und -bewegung, der Mimik, Gestik und Sprache kommt dieser Zustand in aller Regel zum Ausdruck in Form von Kampf- und Drohgebärden: zugewandte und aufgerichtete Körperhaltung, weit geöffnete oder schlitzartig offene Augen, hochgezogene oder gerunzelte Augenbrauen, weit offener oder geschlossener Mund bei zusammengekniffenen oder übereinandergeschobenen Lippen, hervorgehobene Muskelpakete, geballte Fäuste, seitlich abgespreizte und mit den Händen in den Hüften abgestütze Arme, laute Stimme, beide Beine gerade und fest auf den Boden gestellt.

Angeregtes Verhalten

Als antreibende Kraft veranlaßt uns dieser Zustand dazu, vorhandenes Bewältigungsverhalten zu zeigen oder neue Bewältigungsstrategien zu erlernen; gemeint ist hier Verhalten, das darauf ausgerichtet ist, das Wichtige zu erreichen, den erlebten Mangel zu beseitigen oder den drohenden Verlust abzuwenden. Je nachdem, um was es geht, können dies die unterschiedlichsten Verhaltensweisen sein: Ringkämpfe, großartige geistige Leistungen, immenser Arbeitseifer, Erwerb neuer Liebestechniken und Flirtstrategien, Steigerung der persönlichen Durchsetzungsfähigkeit, im Lotto spielen, Herausputzen des Äußeren und vieles andere mehr.

Was haben die Emotionen, die wir Neid und Eifersucht nennen, mit dem Gefühl zu tun, das wir hier beschrieben haben? Es sind zwei verschiedene Formen oder Unterformen der Rivalität.

Neid und Eifersucht – zwei verschiedene Gefühle?

Sind wir neidisch oder eifersüchtig, geht es um etwas, das wichtig für uns ist. Neid und Eifersucht werden im Alltag oftmals gleichbedeutend, synonym verwendet. Dennoch handelt es sich um zwei voneinander unterscheidbare vitale Emotionen.

Neid
Sind wir neidisch, begehren wir etwas, das:

- andere tatsächlich oder anscheinend besitzen oder haben: ein neues schnelles Auto, eine vortreffliche Leistungsbeurteilung, eine teuere Fotoausrüstung, eine dem Schlankheitsideal entsprechende Figur, aureichend Freizeit, den neuesten Computer, einen akademischen Titel, ein breit gefächertes Allgemeinwissen, Glück in der Liebe, unerschütterliches Selbstvertrauen . . .;
- andere wahrhaftig oder allem Anschein nach tun können: mit ihren Gefühlen umgehen, von ganzem Herzen lachen, ohne Angst einem großen kläffenden Hund begegnen, ohne schlechtes Gewissen eine Arbeit liegen lassen,
- Verpflichtungen zuverlässig nachkommen, sich selbst loben und sich Gutes tun . . .;
- in Wirklichkeit – oder wie es den Anschein hat – sind: Betriebsratsvorsitzender, Schönheitskönigin, ein erfolgreicher Sportler, eine geistreiche Rednerin, ein vortrefflicher Koch, ein immer hilfsbereiter Nachbar, ein geduldiger Vater, ein immer pünktlicher Arbeitnehmer, ein immer rücksichtsvoller Autofahrer, ein niemals aus der Fassung geratendes Mitglied des Lehrkörpers . . .;

tatsächlich oder allem Anschein nach zu anderen gehört: ein aufmerksamer Ehemann, eine liebevolle Gattin, gut erzogene Kinder ...;
- andere wahrhaftig oder anscheinend bekommen: Zuneigung, Pflege bei Krankheit, Ehrenbezeugungen oder Liebesbeweise, Vertrauen ...
- Neid kann uns also dazu veranlassen, das anzustreben, weswegen wir neidisch sind, und genau das ist die positive Funktion des Neids.

Eifersucht

In der Eifersucht befürchten wir, durch andere etwas zu verlieren oder streitig gemacht zu bekommen, das:

- wir bis jetzt in Wirklichkeit oder wie es den Anschein hat besitzen oder haben (Abb. 10): einen Posten im Verein, eine verantwortungsvolle Position im Betrieb, einen Dienstwagen, einen Ehrenplatz bei Feierlichkeiten, diverse Privilegien ...;
- bisher tatsächlich oder anscheinend zu uns gehört: eine große Familie, an jedem Finger einen Verehrer, ein jederzeit hilfsbereiter Opa, eine großzügige Erbtante ...;
- wir bislang wahrhaftig oder allem Anschein nach sind: der treffsicherste Torjäger, die ideenreichste Mitarbeiterin, der beliebteste Lehrer, der Verkäufer mit den meisten Umsätzen, die athletischste Fitneßstudiobesucherin, der Arzt mit dem größten Patientenstamm, der brillianteste Anwalt ...;
- wir bis jetzt in Wirklichkeit oder allem Anschein nach bekommen: Aufmerksamkeit, Komplimente, Lob, Geldprämien, Liebesbriefe, Blumengrüße ...;
- wir bisher tatsächlich oder anscheinend können: die meistbeklatschte Büttenrede halten, ein Radrennen gewinnen, im Betrieb Entscheidungen treffen, mit

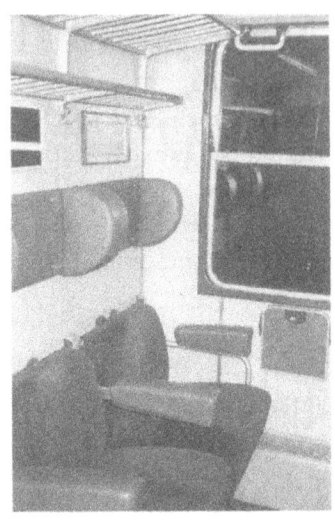

Abb. 10. »Eifersucht überkäme mich, wenn sich jemand erdreisten würde, mir meinen Stammplatz am Fenster wegzuschnappen!«

dem Liebespartner romantische Abende in trauter Zweisamkeit verbringen ...

Sind wir eifersüchtig, kann uns diese natürliche Empfindung motivieren oder auch antreiben, uns zu bemühen, den Verlust abzuwenden oder ihm vorzubeugen. Also hat auch diese vitale Emotion eine positive Funktion, die noch ausführlicher besprochen wird.

Neid und Eifersucht unterscheiden sich in der Hauptsache in ihren Auslösern und ihren Funktionen:

Auslöser: Neid entsteht, wenn uns andere, bezogen auf irgendetwas, eine oder mehr Nasenlängen voraus sind; zur Eifersucht dagegen kommt es, wenn andere uns etwas streitig machen. Diese Situationen können mit Hilfe der Sinnesorgane wahrnehmbar sein oder in den Gedanken vorhanden sein.

Funktionen: Sind wir neidisch, streben wir danach, das zu erreichen, worin uns andere voraus sind, oder was uns andere voraus haben. Wenn wir eifersüchtig sind, veranlaßt uns das dazu, drohenden Verlust abzuwenden.

Also können wir den Neid und die Eifersucht als Unterformen oder Abkömmlinge der Rivaliät betrachten, die entsteht, wenn uns und anderen etwas wichtig ist, wir einen Mangel wahrnehmen oder einen Verlust befürchten, und uns antreibt, das Wichtige zu erreichen oder dem Mangel oder dem Verlust entgegenzuwirken.

Außer in den genannten Punkten unterscheiden sich Neid und Eifersucht noch in ihrem unterschiedlichen Ausmaß, für den zu berücksichtigenden Aufwand, der notwendig war, daß andere uns oder wir anderen um eine oder mehrere Haaresbreiten voraus sind.

Als *Neider* nehmen wir meist nur wahr, wie oder worin andere uns voraus sind; außer acht lassen wir dagegen das, was notwendig war, um dies zu erreichen: wir sehen nicht, daß andere jahrelang nicht in den Urlaub fahren konnten; jede freie Minute selbst an dem Bau gearbeitet haben, weil sie sich das neue Haus andernfalls nicht hätten leisten können; Jahre gewartet haben, bis sie den so gut zu ihnen passenden Lebenspartner gefunden haben; wegen ihrer vielen Kinder auf eine berufliche Karriere verzichten mußten ...

Sind wir *eifersüchtig*, schenken wir hingegen vermehrt dem Beachtung, was wir dafür getan haben, um das zu erreichen, in dem wir anderen voraus sind, die es uns abjagen wollen. Wir sehen, wie wir uns ins Zeug legen mußten, um gerade diesen Mann für uns zu interessieren; wieviele Tiefen wir in unserer Partnerschaft durchlebt haben, bis die Beziehung ihre jetzige Stabilität erreicht hat; wieviel Mühe und finanzielle Aufwendungen wir beim Aufbauen und Pflegen dieses Freundeskreises hatten; auf was wir in unserem Privatleben alles verzichtet haben, um diese Stufe in der betrieblichen Karriereleiter zu erklimmen.

Einige Unterschiede zwischen Neid und Eifersucht sind hier aufgezeigt. Es handelt sich bei ihnen also keinesfalls um gleichartige Gefühle oder zur Bezeichnung desselben emotionalen Zustands synonym verwendtbare Begriffe. Ein weiterer Irrtum ist, daß der Begriff »Eifersucht« meistens nur auf die Bereiche Sexualität und Partnerschaft bezogen wird. Dies sind aber keineswegs die einzigen Lebensbereiche, in denen es Eifersucht gibt, was die später aufgeführten Beispiele veranschaulichen sollen.

3 Auf die Dosierung kommt es an

Rivalität, Neid und Eifersucht sind vitale Regungen, die zum Leben gehören - ja, sogar für unser Überleben notwendig sind. Zugleich spüren wir aber, daß sie uns im Alltag (unsere Zufriedenheit, Freude oder allgemein unsere Lust am Leben) auch ziemlich beeinträchtigen können, oder sie uns nicht helfen, obwohl sie vorhanden sind. Worauf es ankommt ist, daß die Dosierung unserer Rivalitäts-, Neid- und Eifersuchtsgefühle stimmt.

Weil es aber keine allgemein gültige Unterscheidung zwischen zu geringen, vitalen, auffälligen oder krankhaften Ausprägungen der Rivalität, des Neids sowie der Eifersucht gibt, muß es ein Versuch bleiben, dieses Dosierungsproblem zu durchleuchten. Obwohl sich Kriterien finden lassen, die helfen, eine solche Abgrenzung vorzunehmen, ist der Spielraum für die Einschätzung des Zuviel, Zuwenig und goldenen Mittelmaßes breit.

Mehr wäre besser

Es geht also hier darum, wann wir zuwenig auf Rivalität aus, neidisch und eifersüchtig sind. *Allgemein können wir davon ausgehen, daß unsere Rivalität, unser Neid und unsere Eifersucht dann zu schwach sind, wenn:*

Abb. 11. Zuwenig des Guten ist's auch, wenn wir noch nicht einmal Eifersucht empfinden, obwohl die Gattin bereits im Zug sitzt und offenkundig zu ihrem Geliebten abbraust.

- wir keine Rivalitäts-, Neid- oder Eifersuchtsgefühle erleben oder zeigen, obwohl ein entsprechender Auslöser objektiv vorhanden oder zu erwarten ist (Abb. 11): es etwas gibt, um das wir kämpfen müssen oder sollten, ein Mangel besteht oder uns ein Verlust droht, weil ein anderer uns etwas streitig macht;
- die Stärke erlebter Rivalität, erlebten Neids oder erlebter Eifersucht geringer ist, als der jeweils zugrundeliegende, in der Realität oder der Vorstellung vorhandene Auslöser nahelegt : die Bedrohlichkeit eines eventuellen Verlustes, die Bedeutsamkeit eines bestehenden Mangels oder die Notwendigkeit, etwas zu erreichen, unterschätzt werden;
- unser Rivalitäts-, Neid- und Eifersuchtsverhalten unzureichend ausgeprägt ist, um das zu erreichen, was wir erreichen wollen oder sollen.

So sind Rivalitäts-, Neid- und Eifersuchtsgefühle beispielsweise dann *zuwenig ausgeprägt,* wenn wir:

- obwohl uns der Partner an eine Nebenbuhlerin verlorenzugehen droht, keine Eifersucht spüren, verspürte Eifersucht nicht ausdrücken und kein durch sie motiviertes, dem Verlust entgegenwirkendes Verhalten zeigen oder die empfundene Eifersucht sowie entsprechendes Verhalten, gemessen an dem bestehenden Anlaß, zuwenig ausgeprägt sind;
- trotz offenkundig vorhandener Ungerechtigkeiten nicht neidisch werden auf diejenigen, die die uns zustehenden Vorrechte in Anspruch nehmen oder wir gegen selbige Ungerechtigkeiten nicht rebellieren;
- unsere Rechte gegenüber anderen nicht einklagen, nicht um das kämpfen, was uns rechtmäßig zusteht oder uns in diesem Kampf unangemessen stark zurückhalten,
- uns nicht ins Zeug legen, damit wir unsere berufliche Position nicht an einen Emporkömmling verlieren;
- nicht wahrnehmen, daß da etwas ist, um das es sich für uns selbst zu kämpfen lohnt;
- nicht spüren, daß es uns an etwas mangelt;
- uns in übergebührlichem Maße anpassen,
- auch dort auf Kooperation bedacht sind, wo eindeutig Konkurrenzkampf angesagt ist,
- unsere Macht und Stärke selbst im Kampf mit überlegenen Kontrahenten nicht ausspielen.

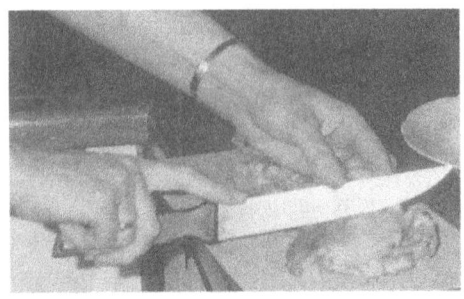

Abb. 12. Exzessiv wäre die Eifersucht nicht nur dann, wenn wir auf alle unsere Kontrahenten mit einem Fleischmesser losgingen.

Weniger wäre mehr

Sind unsere Rivalitäts-, Neid- und Eifersuchtsgefühle zu stark, können sie uns blockieren, übergebührlich ängstigen und Schuldgefühle hervorrufen, sowie sich in Äußerungsformen niederschlagen, durch die wir eher das Gegenteil von dem erreichen, was wir eigentlich erreichen wollten (Abb. 12).

Ein Zuviel erkennen wir daran, wenn:

- wir Rivalität, Neid oder Eifersucht erleben, obwohl keine entsprechenden Auslöser real vorhanden oder zu erwarten sind : es nichts gibt, um das wir kämpfen müßten oder sollten; kein Mangel besteht; uns kein Verlust dadurch droht, daß irgendjemand uns etwas abjagen will;
- die Stärke dieser Gefühle größer ist, als der jeweils zugrundeliegende, in der Realität oder in der Vorstellung vorhandene Auslöser nahelegt: wenn die Bedrohlichkeit eines eventuellen Verlusts, die Bedeutsamkeit eines bestehenden Mangels oder die Notwendigkeit, etwas zu erreichen, überschätzt werden;

Abb. 13. Ob die Balkontüre nun offen oder geschlossen sein soll, kann zum Auslöser unangemessener familiärer Machtkämpfe werden.

unser Verhalten nicht geeignet ist, daß zu erreichen, was wir anstreben.

Zu stark sind diese vitalen Emotionen beispielsweise dann, wenn wir:

bei jedem auch noch so harmlosen Gespräch der Partnerin mit irgendeinem Mann eifersüchtig sind;
wegen allem und jedem, das uns irgendwer voraus hat, neidisch sind;
Menschen, die über weniger lebensnotwendige Ressourcen verfügen als wir selbst, um das Wenige beneiden, das sie haben;
bei jedem Zusammentreffen mit anderen Menschen Rivalitätskampf ausführen und daraus möglichst

als Sieger hervorgehen müssen: in jeder Diskussion unsere Meinung durchsetzen müssen; das letzte Wort haben müssen; in harmlosen Gesellschaftsspielen nicht verlieren können . . . ;

- die Notwendigkeit, uns irgendwo unterordnen zu müssen, noch nicht einmal dann akzeptieren können, wenn wir keinerlei reale Nachteile und vielleicht sogar objektiv noch einige Vorteile dadurch haben;
- bei jeder Gelegenheit förmlich nach Anlässen suchen, um Machtkämpfchen auszutragen (Abb. 13);
- selbst gegen Schwächere mit unseren stärksten Waffen kämpfen;
- all unsere Mitmenschen als Rivalen oder Nebenbuhler betrachten und ihnen ausschließlich als Konkurrenten begegnen und somit niemandem gegenüber kooperatives und solidarisches Verhalten zeigen oder soziale Unterstützung anbieten;
- meinen, jeden Konflikt durch einen Machtkampf lösen zu können.

4 Rivalität, Neid und Eifersucht im Netzwerk unseres Gefühlshaushalts

Wir wissen, daß es eine große Vielfalt bei unseren Emotionen gibt; und die verschiedensten Gefühle haben mit unserem Rivalitätsgefühl, unserem Neid und unserer Eifersucht zu tun, und um dieses Zusammenspiel der Rivalität, des Neids und der Eifersucht mit anderen Emotionen geht es im folgenden.

Dieses Zusammenspiel all unser Emotionen ist für uns häufig ziemlich verwirrend und undurchsichtig; wir fühlen uns dann innerlich zerrissen oder komisch, können oftmals nicht mehr feststellen, welche Gefühle wir im Moment überhaupt haben und sind konfus und in unserem Tun oder Handeln blockiert. Besonders verwirrend ist die Sache dann für uns, wenn gleichzeitig zwei sich widersprechende Emotionen vorhanden sind. Im allgemeinen ist es für uns noch einigermaßen verständlich, daß wir so etwas wie Interesse und Rivalität, Verlustangst und Eifersucht, Liebe und Eifersucht, Hunger und Neid, Dominanz und Rivalität gleichzeitig erleben können. Deutlich verwirrter sind wir allerdings dann, wenn sich zur gleichen Zeit Schuldgefühle und Eifersucht, Scham und Rivalität, Neid und Angst vor Ablehnung in uns regen. Was da geschieht und für unsere Vernunft so oft unverständlich ist, gehört zu unserem Emotionssystem wie das Salz zur Suppe.

Wie kommt es nun zu einem solchen Neben- und Miteinander verschiedener Gefühle? Sie resultieren aus dem sich *selbst regulierenden Zusammenspiel unserer Emotionen,* dem komplexen Netzwerk aus sich gegenseitig bedingenden, regulierenden, kontrollierenden, anregenden, verstärkenden und abschwächenden Gefühlen. Unsere Rivalität, unser Neid und unsere Eifersucht stellen wie all die übrigen Emotionen Bestandteile unseres emotionalen Netzwerks dar; als Teilnehmer an oder Akteure in diesem Netzwerk bedingen sie und werden bedingt, regulieren sie und werden reguliert, kontrollieren sie und werden kontrolliert, regen an und werden angeregt, verstärken sie und werden verstärkt, schwächen sie ab und werden abgeschwächt.

Emotionale Gegenkontrollsysteme

Auch wenn wir nicht immer so ganz genau identifizieren können, welche Gefühle es sind, die sich gegen unsere Rivalitäts-, Neid- und Eifersuchtsgefühle stellen, so kennen wir sie doch. Die wichtigsten Antagonisten dieser Gefühle sind *Angst vor eben denselben, Angst vor Ablehnung, Scham oder Scham- und Schuldgefühle,* die uns daran hindern, soziale Beziehungen (Ehen, Partnerschaften, Freundschaften, Bekanntschaften) zu zerstören oder auch in Fettnäpfchen zu treten (Abb. 14).

Wie können wir uns dieses Zusammenwirken oder Wechselspiel vorstellen? Im Normalfall stehen die sich gegenseitig kontrollierenden Emotionen in einer *labilen Balance* zueinander; für die Aufrechterhaltung dieser Balance braucht unser Seelenleben wenig Kraft. Bildlich können wir uns dies vorstellen als einen Hammer, der auf einem Stiel an einer Drehachse befestigt, stehend von zwei Seiten durch zwei entgegengesetzte Kräfte (die sich

Abb. 14. Die eifersüchtige Frau, die in der Eingangstür stehend mit dem Kochlöffel in der Hand auf ihren Gatten wartet, wird durch Scham, Schuldgefühle und Angst davor bewahrt, gewalttätig zu werden.

gegenseitig kontrollierenden oder antagonistischen Emotionen) gehalten wird. Solange die Balance mehr oder minder gegeben ist, braucht keine der beiden Seiten übermäßig stark ausgebildet zu sein. Je mehr der Hammer aber nun aus der Balance gerät, desto stärker muß die unterlegene Kraft gegenhalten, um ihn wenigstens in dieser Position zu halten oder gar wieder aufzurichten oder wieder in die Balance zu bringen. Ist die unterlegene Kraft zum Gegenhalten jedoch zu schwach, kippt die labile Balance (der Hammer) zu der überlegenen Seite um; diesen umgekippten, aus der Balance geratenen Zustand finden wir wieder in unzähligen psychischen Störungen, z. B. in Depressionen, der Soziopathie sowie in psychosomatischen Störungen und anderen Gesundheitsproblemen. Der unbalancierte Zustand kostet das Seelenleben auf die Dauer sehr viel Kraft und Energie und blockiert, lähmt und deprimiert auf lange Sicht.

Mit anderen Worten: Je weniger Rivalität jemand äußert, desto mehr Schuldgefühle hat er langfristig. Dabei ist dem beschriebenen Modell folgend die labile Balance zuungunsten der Rivalität umgekippt und es ist zu einer Herrschaft der Schuldgefühle gekommen. Im umgekehrten Fall, in dem die Schuldgefühle zu schwach sind, kippt die Balance langfristig um zuungunsten der Schuldgefühle, so daß es zu einer Herrschaft von Rivalität und damit ungezügelten Rivalitätsäußerungen kommt.

Widersacher und Verstärker

Innerhalb dieses *emotionalen Gegenkontrollsystems* gibt es aber noch eine Reihe anderer Emotionen als Widersacher und Verstärker von Rivalität, Neid oder Eifersucht. Das sind beispielsweise die Unsicherheit, Hilflosigkeit, Ausweglosigkeit, Liebe, Hoffnungslosigkeit, Schwäche, Abhängigkeit, Besorgnis, Selbstsicherheit, Fürsorglichkeit, Nachgiebigkeit, Einsamkeit, Gesellungsbedürfnis und andere.

Emotionen, die Rivalitäts-, Neid- oder Eifersuchtsgefühle verstärken, sind die Gefühle, die innerhalb unseres emotionalen Gegenkontrollsystems mit Rivalität, Neid und Eifersucht auf der einen und mit Angst, Scham sowie Schuldgefühlen auf der anderen Seite auf letzterer Seite kämpfen und in dieselbe Richtung wie diese vitalen Regungen wirken.

Sehen wir uns nun an, welche da im einzelnen wirksam sind, treffen wir neben anderen einige der Emotionen wieder, die wir bereits als Widersacher von Rivalität, Neid und Eifersucht genannt haben. Wir stoßen dabei beispielsweise auf Einsamkeit, Liebe, Zuneigung, Verlustangst, Besitzstreben, Machtgier, Angriffslust, Risikofreude, sexuelle Lust, Zuversicht, Selbstzweifel, Selbstsicherheit, Unsicherheit und das Gesellungsbedürfnis. Weshalb gibt es Emotionen, die einerseits Rivalitäts-, Neid- und Eifersuchtsgefühle verstärken und selbige andererseits abschwächen? Wie kann es sein, daß gegensätzliche Gefühle wie Selbstsicherheit und Unsicherheit Rivalität, Neid oder Eifersucht in gleicher Richtung beeinflussen?

Die Wirkung vieler Emotionen ist abhängig von:

- der jeweiligen Ausgangssituation, in der wir uns befinden, was das Vorhandensein anderer Gefühle einschließt: fühlen wir uns einsam, kann das Gesellungsbedürfnis unseren Neid auf andere, die viele Freunde haben, verstärken; haben wir selbst Freunde, kann unser Gesellungsbedürfnis Neid abschwächen, weil wir zugleich Angst haben, andere Menschen wegen unseres Neids zu verlieren;
- der Stärke vorhandener Gefühlsregungen : so kann z. B. Liebe Eifersucht fördern; übersteigerte Liebe, die dazu veranlaßt, jegliche dem Partner auch noch so gravierende sexuelle Verfehlung nachzusehen, eifersüchtiges Verhalten hemmen;
- der Quelle solcher emotionaler Regungen (Abb. 15): beispielsweise können aus eigenen sexuellen Phantasien resultierende Schuldgefühle abgewehrt werden, indem eigene sexuelle Wünsche auf den Partner projiziert bzw. ihm zugeschrieben werden, wodurch Eifersucht verstärkt wird; gehemmt wird eifersüchtiges Verhalten hingegen durch Schuldgefühle, die wegen der eigenen sexuellen Phantasien zustandekommen, oder entstehen, weil die kogniti-

Abb. 15. Die Angst vor Gesundheitsschäden mindert den Neid auf den trinkfesten Kumpel, wohingegen die Angst, in der Männerrunde nicht anerkannt und akzeptiert zu werden, selbigen Neid verstärkt.

ve Haltung »es gehört sich nicht, eifersüchtig zu sein« Schuldempfinden bei dem Eifersüchtigen hervorruft;

dem Wirkungsort, der sowohl das Erleben als auch das Ausleben eines antagonistischen Gefühls sein kann: beispielsweise kann Liebe Eifersucht fördern, weil wir Angst haben, den geliebten Partner zu verlieren; andererseits selbige aber auch hemmen, weil wir fürchten, daß uns der geliebte Partner gerade wegen unseres Eifersuchtgebarens verläßt; ebenso können Selbstzweifel Rivalität steigern, wenn wir meinen, alle Menschen seien gegen uns; Rivalitätsgefühle aber auch hemmen, weil wir unsicher sind, ob unsere Rivalität berechtigt ist.

Noch zwei weitere Phänomene gehören zu diesem komplizierten Netzwerk: Zunächst einmal, daß sich *Gegenspieler auch gegenseitig auf den Plan rufen* können. Beispielsweise provoziert Rivalität einerseits Schuldgefühle, andererseits halten Schuldgefühle aber auch die

Rivalität in Schach. Was individuell (= zwischen verschiedenen Individuen) und intraindividuell (= bei demselben Individuum unter verschiedenen situativen Bedingungen) variiert, ist die Leichtigkeit mit der die gegnerischen Emotionen (z.B. Rivalität und Schuldgefühle) hervorgerufen werden. Dementsprechend können bei dem einen die Rivalitätsgefühle leicht und Schuldgefühle schwer, bei dem anderen aber Schuldgefühle leicht und Rivalitätsgefühle schwer stimulierbar sein (z.B. bei einer Personen können Rivalitätsgefühle im Kontakt mit dem Ehepartner leicht, Schuldgefühle aber schwer auslösbar sein, wohingegen bei derselben Person in der Beziehung zur Mutter Schuldgefühle leicht, Rivalitätsgefühle jedoch schwer zu stimulieren sind). Trotz all dieser Variabilität innerhalb der Dynamik des Wechselspiels zwischen sich gegenseitig abschwächenden und zugleich verstärkenden emotionalen Regungen lassen sich tendenzielle Charakteristika bei Personen und Situationen finden, so daß eine gewisse Berechenbarkeit und Einschätzbarkeit von Personen nicht ganz unmöglich ist.

Die zweite beachtenswerte Eigenartigkeit besteht in der *gleichzeitigen Präsenz antagonistischer Emotionen*, in der Ambivalenz. Bis zu einem gewissen Grad können wir zur gleichen Zeit neidisch sein und uns schämen, auf Rivalität aus sein und Angst vor Ablehnung haben, eifersüchtig sein und Schuldgefühle empfinden. So eigenartig diese Ambivalenz erscheinen mag, ist sie jedoch nicht. Wir alle erleben Situationen, in denen es durchaus sinnvoll und nützlich für uns sein kann, antagonistische Emotionen gleichzeitig zu erleben. Problematisch und krankhaft bzw. pathologisch wird die Angelegenheit jedoch dann, wenn sich die Ambivalenz zu einem für uns unlösbaren und deshalb beständig schwehlenden Ambivalenzkonflikt auswächst, bei dem wir weder mit dem einen noch mit dem anderen und schon gar nicht mit beiden

Emotionen etwas anfangen können. Ein solcher für uns selbst unlösbarer Ambivalenzkonflikt ist eine überaus häufige Ursache manch einer psychischen, psychosomatischen oder körperlichen Erkrankung.

5 Woher kommen Rivalität, Neid und Eifersucht?

Woran liegt es, daß wir in manchen Situationen zu Rivalen, Neidern und Eifersüchtlern werden, in anderen Situationen aber nicht? Etwas ist uns in die Wiege gelegt und etwas lernen wir, und das geschieht auf unterschiedlichen Wegen; hinzukommen noch die mannigfaltigen Bedingungen in unserer Lebensumwelt, die Einfluß darauf haben, was wir lernen, ob, wann und warum wir zu Rivalen, Neidern und Eifersüchtlern werden.

In die Wiege gelegt

Wir können davon ausgehen, daß ein harter Kern sowohl der Rivalität, als auch des Neids und der Eifersucht angeborenen ist. Dafür spricht, daß:

- diese Gefühle bereits im Leben unserer Vorfahren – bereits im außerhumanen Tierreich – eine bedeutsame Rolle spielten;
- entsprechende Empfindungen bei Kindern zu beobachten sind, für die bestimmte Situationen neu sind;
- diese Emotionen bei allen Völkern und in allen Kulturen vorkommen;
- diese Gefühle in bestimmten Situationen häufiger ausgelöst werden, als in anderen.

Angeboren sind insbesondere solche Rivalitäten, Neidereien und Eifersüchteleien, die sich innerhalb der Evolution als für unser Überleben und die Weitergabe unserer Gene als wichtig erwiesen haben; dies betrifft beispielsweise die Rivalität um die Rangordnung, um Ressourcen wie Futter, den Futterneid, die sexuelle Rivalität und Eifersucht, Rivalität um Aufmerksamkeit und Zuwendung. Den harten Kern dieser angeborenen Emotionen können wir als eine Neigung oder Disposition, in bestimmten Situationen mehr oder weniger stark mit Rivalität, Neid und Eifersucht zu reagieren, beschreiben.

Wie entwickeln sich die Gefühle?

Im Laufe unserer individuellen Entwicklung wird diese angeborene Neigung durch Lernen bzw. verschiedene Lernvorgänge oder –prozesse beeinflußt, die:

- die auslösenden Situationen vermehren oder verringern;
- die Stärke des Erlebens und Ausdrückens des Rivalitäts-, Neid- oder Eifersuchtsgefühls mildern oder steigern;
- eine Verringerung oder Ausweitung der Situationen bewirken, in denen die Gefühle gezeigt werden;
- die Art und Weise, in der Rivalität, Neid und Eifersucht ausgedrückt werden, modifizieren.

Welche Lernvorgänge sind es aber, durch die solche Veränderungen zustandekommen?

Viele Ähnlichkeiten

Das Erleben und Ausdrücken von Rivalität, Neid- und Eifersucht können wir durch das Erkennen von Ähnlichkeiten lernen. Es gibt zunächst bestimmte Reize (Situationen, Personen ...), auf die wir mit Rivalität, Neid oder Eifersucht reagieren; es gibt aber andere Stimuli, die den ursprünglich Rivalität, Neid oder Eifersucht bei uns auslösenden Reizen ähnlich sind. Diese Ähnlichkeit nehmen wir wahr, was dazu führen kann, daß wir unser Rivalität-, Neid- oder Eifersuchtsgefühl von dem ursprünglichen Auslöser auf den diesem ähnlichen Stimulus übertragen (so kann es beispielsweise passieren, daß wir nicht nur auf eine bestimmte Frau eifersüchtig sind, mit der unser Gatte öfter flirtet, sondern auch auf solche Frauen, die ihr ähnlich sind). Das Lernen durch Erkennen von Ähnlichkeiten schließt auch ein, daß solche Reize zu Auslösern dieser Emotionen werden können, die wir zusammen mit dem ursprünglichen Auslöser erlebt haben (beispielsweise kann uns das Klingeln des Telefons eifersüchtig machen, wenn vorher das Telefon geklingelt hat, die Geliebte unseres Gatten am anderen Ende der Leitung war, und wir selbst rasend waren vor Eifersucht).

Aus Erfahrung werden wir klug

Tun oder unterlassen wir etwas, stellen wir fest, daß unser Tun oder unser Nichttun positive oder negative Folgen hat. Haben wir auf irgendeinen Reiz mit Rivalität, Neid oder Eifersucht reagiert und festgestellt, daß dies positive Konsequenzen für uns hat, werden wir zukünftig auf solche Stimuli häufiger mit Rivalität, Neid oder Eifersucht reagieren. Die Vorkommenshäufigkeit solcher Reaktionen bei vergleichbaren Anlässen nimmt zukünftig

Abb. 16. Wie kommt es nur, daß bei der Ankunft am Bahnhof vor dieser Türe Rivalitätskämpfe ausbrechen, weil jeder unter den ersten Aussteigenden sein will?

auch dann zu, wenn wir die Erfahrung machen, daß durch das Unterlassen solcher Reaktionen Schaden entstanden ist. Dagegen verringert sich die Vorkommenshäufigkeit von Rivalitäts-, Neid und Eifersuchtsreaktionen dann, wenn diese Reaktionen mit negativen Konsequenzen verbunden sind (Abb. 16). Weniger häufig werden wir in Zukunft solche Reaktionen bei entsprechenden Anlässen auch dann zeigen, wenn wir festgestellt haben, daß es gut für uns ist, wenn wir nicht auf Rivalität aus, nicht neidisch oder nicht eifersüchtig sind.

Nun verändert aber nicht nur das Erleben von positiven oder negativen Konsequenzen die Auftretenswahrscheinlichkeit von Rivalität-, Neid- oder Eifersuchtsreaktionen. Noch andere Erfahrungen können wir machen, wenn wir diese Reaktionen zeigen oder es eben nicht tun.

So kann es passieren, daß etwas für uns Negatives dadurch wegfällt, daß wir diese Reaktionen zeigen, oder etwas Negatives dann wegfällt, wenn wir nicht in dieser Art reagieren. Im ersten Fall steigt und im zweiten Fall nimmt die Auftretenshäufigkeit von Rivalitäts-, Neid- und Eifersuchtsreaktionen zu, im zweiten Fall verringert sie sich hingegen. Ebenso können wir die Erfahrung machen, daß etwas für uns Positives dadurch wegfällt, daß wir auf Rivalität aus, neidisch oder eifersüchtig sind, oder dadurch, daß wir es unterlassen, so zu reagieren. Erstere Erfahrung führt zu einer Abnahme der Auftretenshäufigkeit von Rivalitäts-, Neid- oder Eifersuchtsreaktionen, letztere Erfahrung hingegen zu einer Zunahme.

Soweit scheint die Sache mit dem Lernen durch Erfahrung einfach zu sein. Komplizierter wird es, weil es auch kurzfristige und langfristige Folgen unseres Tuns oder Unterlassens gibt. Vermeiden wir es, uns in Situationen zu begeben, in denen wir eifersüchtig werden, ist das zunächst positiv für uns. Jedoch hat das Vermeiden bestimmter Situationen auch negative Konsequenzen, die wir erst später spüren (z. B.: wir langweilen uns zu Hause, weil wir es vermieden haben, mit dem Partner in die Disco zu gehen ...). Ebenso ist es mit der Rivalität. Gehen wir einem Konkurrenzkampf aus dem Wege, verspüren wir kurzfristig Erleichterung, als eine im Moment positive Konsequenz unseres Vermeidungsverhaltens; langfristig sind die Folgen jedoch vielleicht negativ (wir ärgern uns über uns selbst; bekommen eine attraktive berufliche Position nicht; fühlen uns anderen unterlegen ...). Vermeiden wir es, uns unseren Gefühlen zu stellen, weil uns dieses Vermeidungsverhalten kurzfristig Erleichterung verschafft, kann es aber auch passieren, daß unser Neid, unsere Eifersucht sowie unsere Rivalität langfristig noch stärker werden. Denn, wenn wir es vermeiden, uns vorhandenen Auslösern zu stellen, tun wir nichts, um mit den vorhandenen Anlässen fertig zu werden. Nur zu oft lernen wir durch die kurzfristigen Erfahrungen und lassen die langfristigen Konsequenzen außer acht; dies kann nun allerdings neben einer unnötigen Steigerung von Rivalitäts-, Neid- und Eifersuchtsgefühlen eine Unzahl anderer negativer Folgen haben.

In bestimmten Situationen hat unser Tun oder Unterlassen von etwas positive oder negative Folgen. Diese Erfahrungen übertragen wir auf solche Situationen oder Anlässe, die den ursprünglichen Lernsituationen ähnlich sind: sind wir wegen unseres eifersüchtigen Gehabes von unserem ersten Freund abgelehnt worden, übertragen wir diese Erfahrung mit ziemlich großer Sicherheit auf unsere nächste Partnerschaft und werden in dieser deshalb weniger Eifersucht zeigen; sind wir bei den Kollegen an unserer jetzigen Arbeitsstelle beliebt, weil wir faire Konkurrenten sind, werden wir sehr wahrscheinlich an einer anderen Arbeitsstelle in vergleichbarer Art und Weise Konkurrenzkämpfchen austragen.

Modelle säumen unseren Weg

Wir können beobachten oder auf andere Art erfahren, daß andere Personen bestimmten Situationen mit Rivalität, Neid oder Eifersucht reagieren, und erfahren so, welche Folgen das Tun oder Unterlassen eines Verhaltens bei anderen hat. Stellen wir fest, daß unser Lernmodell Schaden genommen hat, weil es nicht auf Rivalität aus, neidisch oder eifersüchtig war, werden wir selbst solche Reaktionen in vergleichbaren Situationen eher zeigen. Zu einer Steigerung der Vorkommenshäufigkeit von Rivalitäts-, Neid- und Eifersuchtsreaktionen kommt es bei uns selbst auch dann, wenn wir erfahren, daß andere dadurch das erreichen, was sie wollen (Abb. 17). Seltener

Abb. 17. Da können wir erleben, daß unser Freund seine Gattin deshalb nicht verliert, weil er sie aus dem Zug holt, mit dem sie gerade zu ihrem Geliebten brausen will.

werden wir diese Gefühle zeigen, wenn wir wissen, daß unser Lernmodell dadurch Mißerfolge erleben mußte (z. B. der eifersüchtigen Freundin der Ehemann weggelaufen ist, die neidische Nachbarin von anderen Hausbewohnern nicht mehr gemocht wird...). Daß wir mit Rivalität, Neid oder Eifersucht reagieren wird auch dann weniger wahrscheinlich, wenn unser Lernmodell durch andere Reaktionen mehr Erfolg hatte. Daraus lernen wir, in entsprechenden Situationen selbst mit Rivalität, Neid oder Eifersucht zu reagieren. Personen, die wir beobachten können, stellen für uns selbst Modelle dar. Diese Art des Lernens nennen wir »Lernen am Modell« oder »Modellernen«. Besonders gute Lernmodelle sind solche Personen, die uns nahestehen wie Großeltern, Eltern, Geschwister, Liebespartner oder uns selbst hinsichtlich bestimmter Gesichtspunkte ähnlich sind wie z. B. im Alter oder der sozialen Schicht.

Lernen am Modell führt nicht zuletzt dazu, daß wir auch in solchen Situationen mit mehr oder weniger Rivalität, Neid und Eifersucht reagieren, die wir bis dahin selbst noch nicht erlebt haben.

Informiertsein ist alles

Rivalitäts-, Neid- und Eifersuchtsgefühle können auch dadurch verändert werden, daß uns *zutreffende Informationen über deren Auslöser* oder über die Folgen des Erlebens und Ausdrückens sowie des Nichterlebens und Nichtausdrückens unserer Gefühle fehlen, wir stattdessen unzureichend oder falsch informiert sind, über zu allgemeine, zu spezielle oder zu einseitige Informationen verfügen.

Ein Mangel an zutreffenden Informationen begünstigt unsere Angst vor diesen Gefühlen. Wenn wir beispielsweise nicht wissen, was die körperlichen Veränderungen zu bedeuten haben, deuten wir sie vielleicht fehl als Anzeichen für Krankheiten; sind wir uns nicht im Klaren über die positiven Funktionen unserer Rivalität, unseres Neids und unserer Eifersucht, sind wir weniger motiviert, diese Gefühle er- und auszuleben, weil wir hauptsächlich deren negative Seiten kennen und diese uns Angst machen, wissen wir zuwenig über positive Folgen des Er- und Auslebens dieser Emotionen, dominieren in unserem Kopf die negativen Folgen, die uns mal wieder Angst machen; fördert ein Mangel an unzutreffenden Informationen über diese scheinbar abstellens- und unterdrückenswürdigen Gefühle Angst vor denselben, mindert dies die Vorkommenshäufigkeit entsprechender Gefühlsreaktionen.

Zu den hier relevanten Informationen zählen auch *Einstellungen oder kognitive Haltungen,* die auf den Wegen, auf denen Kognitionen Einfluß auf unsere Emotionen nehmen können (wie in Kapitel 1 beschrieben), unser

Er- und Ausleben von Rivalität, Neid und Eifersucht fördern oder abschwächen können.

Am Puls der Zeit

Welche Lernvorgänge in unserem Lebensraum zum Aufbau und zur Aufrechterhaltung von Rivalitäts-, Neid- und Eifersuchtsgefühlen beitragen, haben wir oben gesehen: Diese Lernvorgänge funktionieren unabhängig davon wie unser Lebensraum oder unsere Gesellschaft beschaffen ist. Jedoch hat die Beschaffenheit unseres Lebensumfelds über diese Lernprozesse Auswirkungen auf unsere Emotionen. Die Wirkung einiger Bedingungen unserer Lebensumwelt, nämlich das Vorhandensein von Rangordnungen, der Finanzen und anderer Ressourcen, der Medien und der Werbung, werden wir im folgenden beleuchten.

Rangordnungen

In unserer scheinbar demokratischen Gesellschaft ist es eine ziemlich heikle Angelegenheit über Rangordnungen zu sprechen, obwohl die *Neigung des Menschen zur Hierarchiebildung* in sozialen Gefügen überall vorhanden ist.

Im Alltag eines jeden finden eine ganze Menge Dominanz- und Machtkampfsituationen statt (Abb. 18). Das geht vom kleinen Geplänkel »Wer hat das zu bestimmen?« mit dem Partner beim Frühstück; über das »Wollen Sie mich mit Ihrem mickrigen Auto etwa überholen?« während der Fahrt zur Arbeit; den Stempel mit Ihrer BAT-Vergütungsgruppe dortselbst ; über das »Wollen Sie mir vorschreiben, was ich zu tun habe?« gegenüber einem

Abb. 18. Statussymbole markieren unseren Rangplatz. Ein solches Telefon läßt auf Macht und Einfluß des Besitzers schließen.

ranggleichen oder rangniederen Kollegen bis hin zum abendlichen Kampf um Privilegien, Kompetenz und das Fernsehprogramm in der Familie, im Freundeskreis, in Vorständen oder Vereinen. Unser Sozialleben ist geradezu durchsetzt von heiß- und zugleich unbeliebten Hierarchien, in denen wir alle uns über- und unterordnen. Und wir können noch nicht einmal behaupten, daß uns dies nur mißfällt, vielmehr scheint uns die Klärung unserer Position auf der Karriereleiter ebensoviel Spaß zu machen und Kraft zu geben wie die Samstagabendeinladung neuer Gäste, um jeden auf Statussymbole oder Hierarchiekriterien abzuklopfen.

Die Neigung zur Bildung von Rangordnungen ist uns angeboren. Wir können beobachten, daß Gleichheit, dort wo sie herrscht, oftmals mit mehr oder weniger Gewalt gegen die angeborene Disposition zur Bildung von Hierarchien des einzelnen durchgesetzt werden muß, und wir können davon ausgehen, daß sich unser Rangordnungsstreben durch nichts und niemanden vollends abschaffen läßt.

Rangordnungen, welche es im einzelnen auch immer sind, regeln den *Zugang zu Ressourcen* wie Futter, Sexualpartnern, Finanzen, Ansehen, Wohnungen usw. Von besonderer Bedeutung ist diese Regelung dann, wenn es sich um knappe Ressourcen handelt. Die *ranghohen Lebewesen* (ob nun Mensch oder Tier) haben am ehesten Zugang zu dem, was knapp ist. In unserem Gleichheitsstreben lehnen wir genau das ab. Trotz all unserer Ablehnung dieses Regulationsmechanismus handelt es sich dabei um einen innerhalb der Evolution sinnvollen Vorgang. Wir können nämlich annehmen, daß ranghohe Lebewesen sich durch irgendwelche Qualität (körperliche Kraft, mit dem Alter verbundene Lebenserfahrung usw.) ausgezeichnet bzw. in diese ranghohe Position gebracht haben. Diese Qualitäten sind es, die innerhalb der stammesgeschichtlichen Entwicklung erhalten, also auch an Nachkommen weitergegeben werden sollten. Dies gelingt unter anderem dadurch, daß die ranghohen Lebewesen Zugang zu solchen Ressourcen haben, die für ihr Überleben sowie für die Weitergabe ihrer Gene notwendig sind. Dieser Selektionsvorteil von Rangordnungen ist nun aber nicht der einzige Vorteil dieses Rangordnungsstrebens.

Überall dort, wo es Rangordnungen gibt, können wir beobachten, daß sie bis zu einem gewissen Maß Ruhe schaffen; dies gilt für den Hühnerhof ebenso wie für den Kindergarten, die Universität, den Bundestag, die Armee usw. Ruhe schaffen bedeutet hier, daß wir, sind Rangordnungen einmal gebildet, nicht jedweder Gelegenheit erneut um unseren Platz kämpfen müssen, was uns viel Kraft kosten und uns schon recht bald zermürben würde. Bestehen Hierarchien, können wir diese andernfalls für ständige Machtkämpfchen oder Rangeleien aufzuwendende Kraft sparen und für andere, uns wichtige Belange nutzen.

Rangordnungen regeln aber auch die Verteilung von Rechten, Pflichten und Verantwortlichkeiten und bieten uns somit Orientierungshilfen innerhalb des bestehenden Gewirrs für das, was wir dürfen, sollen, müssen und möchten. Sie helfen, uns in vielen sozialen Bezügen zurechtzufinden.

Trotz der diversen auffindbaren Rangordnungen, in denen jeder von uns irgendeine Position innehat, ist dieses Zurechtfinden innerhalb all unserer verschiedenen sozialen Bezüge noch immer schwierig genug. Dies hat im wesentlichen zwei Gründe: Zum einen gibt es diverse Gelegenheiten, bei denen sich einfach keine Rangordnungen installieren lassen (am Wühltisch im Sommerschlußverkauf, im Stau auf der Autobahn, bei einer Familienzusammenkunft), was uns mit unserer angeborenen Neigung zum Bilden von Hierarchien in Verwirrung stürzt, uns verunsichert. Zum zweiten sind wir Menschen nicht dazu geschaffen, in solchen wie heute üblichen Zusammenballungen von Artgenossen in unseren Großstädten sowie Mietskasernen und den in den anonymen Städten krebsartig verwucherten sozialen Beziehungen zu leben. Innerhalb der Evolution hat sich unser Verhalten so entwickelt, daß sich Rangordnungen mit relativer Leichtigkeit in überschaubaren Gruppen von Individuen installieren lassen, die uns mehr oder weniger persönlich bekannt sind. In der Anonymität unseres heutigen Lebensraums kommen wir jedoch tagtäglich unzählige Male mit Menschen zusammen, von denen wir nichts wissen, wir also auch tagaus-tagein etliche Male vor dem Problem stehen, unseren Rangplatz im Kontakt zu diesen uns fremden Menschen zu definieren. Dies ist für uns häufig schwierig und kostet uns oft mehr Energie, als wir haben. In vielen Fällen wirken sich somit Hierarchien für uns erleichternd aus.

Solche Hierarchien haben für jedes Lebewesen diverse Vorteile, und wir sollten uns also zu unserer angeborenen Neigung zum Bilden von Hierarchien und unserem Rangordnungsdenken bekennen und es ausleben. So beugen wir dem vor, daß wir durch das Vorhandensein von Rangordnungen, die Unmöglichkeit in vielen anderen Situationen solche zu installieren sowie die totale Ablehnung dieses Prinzips, an den Rand der Verzweiflung gebracht werden.

Was ist aber nun, wenn wir unser Rangordnungsstreben ausleben und uns so in ein Geflecht multipler Rangordnungen hineinmanövrieren? – Sind wir dann nicht überall nur noch angepaßt? Dies ist zu verneinen, und zwar deshalb, weil uns durch das Bestehen von Hierarchien unsere Rivalität und unser Neid nicht verlorengehen. Vielmehr veranlassen sie uns, in vorhandenen Rangordnungen nach noch höheren Positionen zu streben. Zu einer zu starken Anpassung kommt es dann, wenn wir diese vitalen Emotionen unterdrücken, so daß deren antreibende oder anspornende Funktion nicht mehr verhaltenssteuernd wirkt oder wir unseren Wunsch, mehr zu erreichen, sogar nicht mehr wahrnehmen. Auch gibt es pervertierte Formen sowie Ausdrucksformen dieser Emotionen, durch die eine übertriebene Anpassung an vorhandene Rangordnungen erfolgt. Dies gilt beispielsweise für destruktive Ausdrucksformen des Neids; unter anderem fehlt das Streben nach einem Aufstieg in der Hierarchie dann, wenn wir in unserem Neid lediglich danach trachten, das von dem Beneideten Erreichte zu vernichten, es schlecht zu machen ... oder anderes tun, das uns, wenn überhaupt, nur Genugtuung verschafft und den anderen verletzt oder kränkt, oder wenn wir in depressives Selbstmitleid verfallen (Abb. 19).

Unterdrücken wir unsere Rivalität und unseren Neid trotz des Vorhandenseins von Hierarchien nicht, verhelfen uns diese vitalen Emotionen durch die ihnen eigenen Funktionen gewünschte Positionen zu erreichen oder diesen zumindest näherzukommen. So können sie uns beispielsweise veranlassen, unsere Leistungsmotivation, unseren Arbeitseifer, unsere kommunikativen Fähig-

Abb. 19. »Da stehe ich armes Würstchen nun an der Haltestelle und denke daran, wie angesehen ich wäre, wenn ich mich wie die da oben in einem dicken Schlitten räkeln könnte, was mir, dem ewigen Verlierer, niemals vergönnt sein wird!«

keiten, unser soziales Verhalten usw. zu steigern und dabei oft entdecken, daß wir dabei weit über uns hinauswachsen. Damit können Neid und Rivalität auch innerhalb bestehender Hierarchien zum *Motor von Höchstleistungen sowie von persönlicher und gesellschaftlicher Entwicklung* werden. Bedenken müssen wir dabei allerdings, daß wir bei unserem Streben nach höheren Ehren keine unlauteren Mittel einsetzen. Um das zu verhindern, haben wir nicht zuletzt Gefühle wie Angst vor Ablehnung, Scham und Schuldgefühle, die als Widersacher der Rivalität sowie des Neids verhindern, daß sich letztere über die Maßen ausweiten oder wir durch sie auf unlautere Wege geraten. Sind die Widersacher allerdings zu schwach, können Neid und Rivalität solche exzessiven und pervertierten Formen annehmen, die uns eben auf solche Abwege bringen. Damit erreichen wir im allgemeinen meist genau das Gegenteil von dem, was wir eigentlich wollten; statt eine höhere Position zu bekommen, sinken wir so in der Hierarchie meist noch unter den Ausgangspunkt unserer Bemühungen.

Gut leben läßt es sich innerhalb unserer diversen alltäglichen Rangordnungen dann, wenn wir unsere natürliche Rivalität ebenso wie unseren vitalen Neid ausleben, zugleich aber auch bereit sind, unseren Rangplatz zu akzeptieren und Niederlagen im Ranggerangel einzustekken. Sind wir die Unterlegenen und akzeptieren dies, verhelfen uns Neid- und Rivalitätsgefühle wiederum dazu, ausgehend von der Niederlage einen erneuten Versuch zu starten, in der Karriereleiter nach oben zu gelangen, anstatt in Depressionen, hemmendes und deshalb destruktives Selbstmitleid und Lethargie zu verfallen.

Wie wirken sich aber nun Rangordnungen auf unsere Rivalität, unseren Neid und unsere Eifersucht aus? Hierarchien mildern sie, machen sie jedoch nicht überflüssig; bestehende Rangordnungen lassen ein ständiges Gerangel um alles mögliche sowie ein andauerndes Verteidigen des selbst Erreichten überflüssig werden; in diesem Sinne reduzieren sie auch aggressives Verhalten. Beim Vorhandensein von Hierarchien brauchen wir unseren Neid, weil uns dieser veranlaßt, um höhere Positionen zu kämpfen; unsere Eifersucht brauchen wir deshalb, weil sie uns veranlaßt, die von uns erreichte Position zu verteidigen. Gäbe es beim Bestehen von Rangordnungen keine Rivalität und keinen Neid, gäbe es unter anderem keine Rebellion gegen Ungerechtigkeiten und keine Veränderungen von Rangfolgen; einmal gebildete Rangordnungen blieben in diesem Falle starr, abgesehen von den sich durch das Ausscheiden (durch Alter, Tod ...) von Personen ergebenden Veränderungen.

Obwohl wir allgemein davon ausgehen können, daß Rangordnungen Rivalität, Neid und Eifersucht reduzieren, gilt dies nicht für all unsere multiplen Hierarchien gleichermaßen. Es gibt eine Reihe von Faktoren, die Einfluß darauf haben, wie sich Rangordnungen auf unsere Rivalität, unseren Neid und unsere Eifersucht auswirken; erwähnenswert sind beispielsweise die folgenden:

Festigkeit von Rangordnungen. Wir finden Hierarchien, deren Rangpositionen nach Kriterien vergeben werden, die nicht vom einzelnen beeinflußbar sind (z. B. Alter, Geschlecht, Erbfolge); andere Rangordnungen werden hingegen bestimmt durch Faktoren, die ganz oder teilweise der Kontrolle des einzelnen unterliegen (z. B. Fachwissen, soziale Kompetenzen wie Durchsetzungsfähigkeit, Beliebtheit). Verglichen mit den Hierarchien, die von uns selbst beeinflußbar sind, werden Rivalität, Neid und Eifersucht vermehrt gemindert durch die zuerst genannten, eher starren Rangordnungen. Wissen wir, daß wir bestimmte Positionen wegen mangelnder notwendiger Voraussetzungen nicht erreichen können, werden wir auch weniger nach solchen Positionen streben; die Inhaber attraktiver Positonen brauchen weniger eifersüchtig zu sein, weil es weniger Rivalen gibt, die ihnen den Rangplatz streitig machen könnten. Dagegen tritt ein Streben nach höheren Positionen dann vermehrt auf, wenn wir selbst Einfluß darauf haben, ob wir die für das Innehaben einer bestimmten Positionen notwendigen Voraussetzungen bei uns selbst schaffen können: wegen der damit verbundenen potentiellen Vermehrung von Rivalen und Nebenbuhlern, kommt es quasi notgedrungen zu einer gesteigerten Eifersucht bei denjenigen, die bestimmte Positionen besetzt halten.

Durchsichtigkeit von Rangordnungen. Durchsichtigkeit bedeutet hier das Ausmaß, in dem Inhaber bestimmter Rangplätze mitbekommen, welche Rechte, Pflichten, Vergünstigungen, Wohlstand und dergleichen ein anderer Rangplatz seinem Inhaber beschert. Grundsätzlich möglich sind zweierlei Wirkungsweisen des Grads der Durchsichtigkeit. Eine hohe Durchsichtigkeit, bei der die Inhaber verschiedener Rangplätze viel über das wissen, was andere Hierarchiestufen, wenn sie erreicht sind, ihnen einbringen können, verstärkt im allgemeinen Rivalität, Neid und Eifersucht. Je höher die Durchsichtigkeit ist, um so öfter wird jeder von uns mit Auslösern dieser emotionalen Regungen konfrontiert.

Attraktivität hoher Rangplätze. Mit den verschiedenen Stufen innerhalb jeglicher Hierarchien sind bestimmte Rechte, Pflichten und Vergünstigungen verbunden. Die Attraktivität eines bestimmten Rangplatzes ergibt sich als Nettobelohnung eines Rangplatzes, die jeder einzelne auf der Grundlage seiner individuellen Gegebenheiten wie Wünsche, Bedürfnisse und Fähigkeiten für sich persönlich aus dem Verhältnis von Nutzen und Kosten ermitteln kann. Je höher der persönliche Nutzen und je geringer die persönlichen Kosten sind, um so höher fällt die individuelle Einschätzung der Attraktivität eines Rangplatzes aus. Nun treffen wir in unserer Gesellschaft auf Hierarchien, deren hohe Rangplätze für viele von uns eine hohe persönliche Attraktivität aufweisen, wohingegen innerhalb anderer Rangordnungen hohe Positionen für wenige von uns mit einer hohen persönlichen Attraktivität verbunden sind. Zu einer Steigerung von Rivalität, Neid und Eifersucht kommt es dann, wenn viele Konkurrenten nach attraktiven Positionen streben.

Offenheit von Rangordnungen für Nichtgruppenzugehörige.
Jeder von uns ist Mitglied innerhalb verschiedener Gruppen oder Sozialverbände, gehört einer bestimmten Staatsangehörigkeit an, zu einer Sozialschicht, zu einer Berufsgruppe, Altersstufe usw. Es gibt nun Hierarchien, die für Mitglieder jeweils anderer Gruppen (mit anderer Staatsangehörigkeit, anderen Alters) prinzipiell offen sind, und solche, die ein Einsteigen Gruppenfremder nicht zulassen. Wir können davon ausgehen, daß Rivalität, Neid und Eifersucht dort verstärkt vorkommen, wo Rangordnungen es zulassen, daß »Fremdlinge« eindringen können.

Wie sich Rangordnungen auf die Rivalität, den Neid und die Eifersucht jedes einzelnen auswirken, ist im weiteren abhängig von einer Reihe individueller Merkmale einer Person und ihrer höchstpersönlichen Lebenssituation wie Änglichstkeit, Selbstwert, Lebenszufriedenheit, Aggressivität, Angriffslust, Stärke, Zuversicht, soziale Unterützung, kognitiven Haltung.

Finanzen und andere Ressourcen

Rivalität, Neid und Eifersucht werden überall dort ausgelöst, wo es darum geht, *Ressourcen* unter den Mitglieder von Sozialverbänden unterschiedlicher Größe (innerhalb einer Gesellschaft, eines Betriebes, einer Familie, einem Verein usw.) zu verteilen. Unter Ressourcen verstehen wir all das, was wir für unsere Lust am Leben und für unser Überleben brauchen, über das wir aber nicht notwendigerweise verfügen, oder das nicht von vornherein zu uns gehört; es handelt sich dabei um Nahrung, Grundstücke, Wohnraum, Sexualpartner, Arbeitsplätze, Posten

Abb. 20. Das liebe Geld, das uns der Geldautomat – so verlockend wie er auch aussieht – eben doch nicht unbegrenzt ausspuckt, ist heutzutage eine der wichtigsten Ressourcen, um die Kämpfe und Kämpfchen angezettelt und ausgefochten werden.

in Vereinen, Anerkennung, Zuwendung und die so wichtigen Finanzen (Abb. 20). Je knapper einzelne Ressourcen sind, um so wichtiger ist es für jeden einzelnen, darum zu kämpfen und darauf zu achten, Erreichtes nicht an Rivalen wieder zu verlieren.

Deutlich dokumentiert sich der Kampf um Ressourcen beispielsweise in dem *Futterneid*. Aus dem Tierreich kennen wir diesen Futterneid in Form von Kämpfen um Beute, Nahrungsquellen und Tränken. Es gibt ihn jedoch auch bei uns Menschen. Besonders offensichtlich ist er bei Kindern, die noch nicht in vollem Umfang überschauen können, ob für sie denn auch noch genug da ist, wenn andere sich mit Nahrungsmitteln bedient haben, und in fortgeschrittenem Alter dann, wenn bestimmte Nahrungsmittel knapp werden, und nicht davon ausgegangen werden kann, daß wir uns ihrem Vorhandensein in der nächsten Zeit sicher sein können. In Zeiten mehr oder weniger großer Nahrungsmittelknappheit veranlaßt uns der Futterneid unter anderem dazu, uns Lebensmittelvorräte anzulegen. Eine andere Art des Neids, die deutlich auf den Kampf um eine Ressource hinweist, ist der *Se-*

xualneid. Unter Sexualneid können wir zweierlei fassen. Zum einen ist es unser Neid auf andere, die im Gegensatz zu uns, einen Sexualpartner haben; zum anderen unseren Neid auf diejenigen, die sexuell leistungsfähiger (attraktiver, potenter, zeugungsfähiger) sind als wir. Als Antreiber spornt uns der Sexualneid an, uns um einen Sexualpartner zu bemühen sowie unsere sexuelle Leistungsfähigkeit zu steigern.

In unserem Kampf um Ressourcen ringen wir in erster Linie um das, was für unsere Lebenserhaltung bzw. für die Befriedigung unserer Grundbedürfnisse notwendig ist. Sind unsere Grundbedürfnisse prinzipiell erfüllt, streben wir nach einer Verbesserung derselben; um so mehr richtet sich unser Kampf auf mehr Luxus, mehr Komfort und mehr Bequemlichkeit und höhere Ehren.

Wie wir bei der Betrachtung der Wirkung von Rangordnungen auf unsere Gefühle bereits gesehen haben, besteht ein Selektionsvorteil von Hackordnungen darin, daß ranghohe Individuen durch ihre Vorrechte beim Zugang zu Ressourcen am ehesten die Chance haben, die sie auszeichnenden Merkmale, Eigenschaften oder Fähigkeit an die Nachkommen weiterzugeben. Eine Ressourcenknappheit fördert unsere angeborene Neigung zur Bildung von Hierarchien und mit dieser auch die im Kampf um aussichtsreiche Rangpositionen und Vorrechte notwendige Rivalität, den das Streben nach höheren Positionen und die Rebellion gegen bestehende Ordnungen anspornenden Neid sowie die für die Erhaltung des Erkämpften erforderliche Eifersucht. Sind diese Hierarchien etabliert, wirken sie sich wiederum mindernd auf Rivalität, Neid und Eifersucht sowie auf dabei vorkommende Aggressivität aus. Bei diesem Verteilungsprinzip eingeschränkt vorhandener Ressourcen handelt es sich um einen sinnvollen und – in natürlicher Form angewendet – allen Beteiligten, auch schwächeren und deshalb rangniederen Individuen, Nutzen bringenden Mechanismus.

Damit jedoch dieser sinnvolle Mechanismus innerhalb unserer verschiedenen Sozialverbände sinnvoll bleibt und für alle optimalen Nutzen bringt, müssen wir ihn jedoch auch entsprechend ausgestalten; also Mittel und Wege finden, mit denen wir unseren Kampf um Ressourcen führen. Problematisch und destruktiv wird der Kampf dann, wenn die hier in Frage stehenden vitalen Emotionen und deren natürliche Äußerungsformen in pervertierter oder exzessiver Form vorhanden sind bzw. angewendet werden. Das Vorhandensein von natürlichen oder pervertierten und exzessiven Formen entscheidet darüber, wie der Kampf geführt wird – also über Fragen wie:

- Was passiert mit Unterlegenen – lassen wir sie verhungern oder helfen wir ihnen bei der Nahrungsbeschaffung?
- Überlassen wir Sozialschwache ihrem Schicksal oder geben wir von unseren Einkünften etwas ab?
- Wie weitgehend ist unser Streben nach irgendeiner Ressource? (Sind wir zufrieden, wenn wir satt sind, oder horten wir Nahrungsmittel, die wir nicht benötigen?)
- Welche Mittel verwenden wir im Kampf um aussichtsreiche Positionen innerhalb einer Hiararchie? (Sind es lautere Kampfmethoden oder unlautere Vorgehensweisen von Intrigen bis hin zu gewalttätigen oder anderweitig kriminellen Formen der Auseinandersetzung?)
- Gegen welche Rivalen kämpfen wir in welcher Art und Weise? (Halten wir uns gegenüber offenkundig Schwächeren zurück oder spielen wir gerade ihnen gegenüber unsere Überlegenheit aus?).

Auch hier sind es die Widersacher von Rivalität, Neid und Eifersucht, die – sofern sie in einer nicht zu starken oder zu schwachen Ausprägung vorhanden sind – uns einen für uns optimalen Kampf mit natürlichen bzw. lauteren Mitteln führen lassen. Zu starke Widersacher hindern uns am Ringen um für die Befriedigung unserer Bedürfnisse und damit unsere Lebenserhaltung sowie Lust am Leben notwendige Ressourcen, oder fördern über Hemmungs-, Unterdrückungs-, Verschiebungs- und anderweitige Kontaminationsprozesse pervertierte Kampfformen sowie diese motivierende pervertierte Gefühlsregungen, wohingegen zu schwache Angst, Scham und Schuldgefühle uns diesen Kampf zwar führen lassen, dies jedoch in exzessiver Form und ohne Rücksicht auf andere Konkurrenten.

Werbung

Gemeint ist hier die Werbung, die uns dieses und jenes anpreist – von Arzneimitteln über Schönheitsmittelchen bis hin zu Parfüms, diversen Reinemachern, lebensnotwendigen und überflüssigen Nahrungsmitteln und mehr oder weniger schädlichen Genußmitteln; daneben informiert sie uns über alle möglichen Dienstleistungen und Luxus- und Komfortgüter. Es geht also um die Werbung, die überall auf uns herniederprasselt: vom Radiowecker aus dem Schlaf gerissen, haben wir sie in den Ohren (Abb. 21); beim Frühstück zwischen dem Welt-, Bundes- und Lokalgeschehen sowie der Kultur und dem Sport mit der Tageszeitung vor Augen; auf dem Weg zur Arbeit treffen wir sie an Plakatwänden, Litfaßsäulen, an öffentlichen Verkehrsmitteln sowie hören sie im Autoradio. Sollten wir im Briefkasten keine vorfinden, so werden wir dann beim Einkauf über Lautsprecher, Tafeln

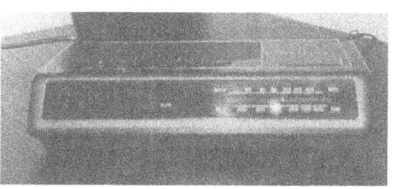

Abb. 21. Die erste Dosis Werbung beim Aufstehen, die letzte beim Einschlafen – dafür sorgt der Radiowecker.

und Schilder informiert. Zuhause springt sie uns beim Durchblättern von Zeitschriften und Katalogen ins Auge, bis wir dann am Abend unsere unverzichtbare Glotze einschalten und die Werbung in so manchem Sender unseren Film, Sportsendung oder Reportage unterbricht oder ihnen vorausgeht bzw. nachfolgt. Die Werbung verfolgt uns auf Schritt und Tritt, und abends sind wir dann reichlich eingedeckt mit Wissen über das, was zu haben oder in Anspruch zu nehmen gilt. Und was tun wir? Viele von uns schimpfen über die Werbung, obwohl sie sich angeblich kaum jemand ansieht. Das ist aber nur die eine Seite, die andere Seite ist die, daß wir sie uns doch ganz gerne ansehen, uns von ihr informieren, berauschen oder betäuben lassen und uns sogar an nett gemachten Werbespots erfreuen oder gar für Darsteller schwärmen. Auch die Werbung ist etwas, das heute kaum noch wegzudenken und uns, trotz aller gegenteiliger Beteuerungen, ganz lieb geworden ist; und Letzteres nicht nur wegen des Nutzens, den sie für uns hat.

Werbung fördert mit unserem *Konsumdenken und -verhalten* auch Rivalitäts-, Neid- und Eifersuchtsgefühle. Wir wünschen uns, bestimmte in der Werbung angepriesene Sachen als erster zu besitzen und beneiden all die, die diese Dinge bereits haben.

Durch die Werbung werden wir aufgeheizt immer mehr zu verdienen, damit die neue Waschmaschine auch endlich in unserem Haushalt steht, nachdem sie sich der Nachbar schon längst gekauft hat. Die Werbung zeigt nicht nur, was es gibt, sondern suggeriert uns gewissermaßen, daß jeder von uns all das Gezeigte auch erreichen kann. Außerdem werden mit der Werbung Klassenschranken überwunden, indem jeder sehen kann, was sich diese oder jene soziale Schicht leisten kann. So fördert die Werbung unsere Rivalität wie auch unseren Neid, weil wir feststellen, daß wir dies und das nicht haben, es aber doch gerne hätten. Auch die Eifersucht wird verstärkt, denn haben wir vor anderen etwas erreicht und sind dadurch vielleicht im Ansehen oder in unserer Position in dieser oder jener Hierarchie aufgestiegen, müssen wir aufpassen, daß andere uns dies nicht streitig machen.

Die Werbung verstärkt Rivalität, Neid und Eifersucht, aber ist das nun nur schlecht oder gar gefährlich? Nein, aber auch hier kommt es nicht auf das Ob, sondern auf das Wieviel an.

Nach einer positiven Seite gefragt, haben wir schnell das allseits bekannte Argument bei der Hand: Werbung fördert den Konsum, gesteigerter Konsum kurbelt die Wirtschaft an, Wirtschaftswachstum bringt Geld in die Staatskasse, schafft Arbeitsplätze usw. Positiv ist für uns noch etwas anderes. Die Werbung zeigt uns Ziele oder regt uns an, uns selbst Ziele zu setzen, fördert so unsere Motivation Neues zu erreichen und dafür notwendige Fähigkeiten und Fertigkeiten auszuweiten oder neu aufzubauen; so gesehen begünstigt die Werbung ebenso wie die Medien persönliche und gesellschaftliche Weiterentwicklung. Jeder von uns braucht immer wieder Ziele und Perspektive, nach denen zu streben es sich lohnt; fehlen uns diese, so entstehen häufig verschiedene psychopathologische Störungen und andere Gesundheitsprobleme. Diese positive Seite der Rivalität, Neid und Eifersucht fördernden Werbung wird vergessen, wenn wir jegliche Werbung an den Pranger stellen (Abb. 22).

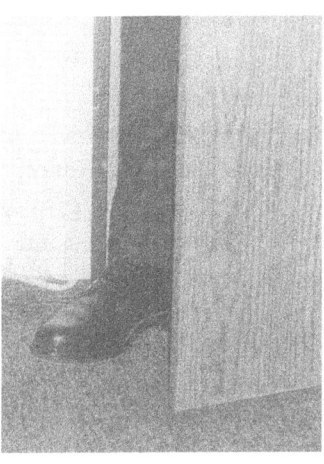

Abb. 22. Unseren ganz persönlichen Neid, unsere ganz persönliche Rivalität und Eifersucht durch Werbung zu fördern, das verstehen nicht zuletzt gut geschulte und oftmals aufdringliche Vertreter, mit dem Fuß zwischen der Tür als Gipfel der Dreistigkeit.

Die andere Seite ergibt sich in der Hauptsache dadurch, wie wir die Werbung interpretieren. Damit die Rivalität, Neid und Eifersucht fördernde Werbung die beschriebene positive Funktion für jeden von uns entwickeln kann, ist es notwendig, daß wir das Gezeigte als Orientierungshilfe beim Auffinden eigener Perspektiven und Ziele werten; das bedeutet, daß wir das Gezeigte an unsere Möglichkeiten (finanzielle Gegebenheiten, persönliche Fähigkeiten) anpassen müssen, um zu für uns selbst erstrebenswerten und zugleich realistischen Zielsetzungen zu gelangen. Werten wir das Gezeigte als ein Muß, funktioniert die Sache in vielen Fällen nicht. Werden die Ziele zu hoch gesteckt und erreichen die für uns unrealistischen Ziele nicht, sind wir frustriert und deprimiert, verfallen in Passivität und Selbstmitleid, gelangen somit zu dem Gegenteil von persönlicher und gesellschaftlicher Weiterentwicklung. Zu diesem Gegenteil kommen wir auch dann, wenn wir für uns selbst zu hoch gesteckte Ziele durch unlautere oder kriminelle Mittel versuchen zu erreichen.

Die Schlußfolgerung, ob die Rivalität, Neid und Eifersucht fördernde Wirkung der Werbung nun gut oder schlecht für uns ist, lautet: Gut ist sie, solange sie diese vitalen Emotionen soweit fördert, daß sie in ihren natürlichen Formen und Äußerungsformen in mittlerer Stärke – also der Ausprägung, in der diese Gefühle ihre Funktionen optimal erfüllen können – vorhanden sind. Schlecht ist Werbung hingegen dann, wenn durch sie exzessive oder pervertierte Formen oder Ausdrucksformen von Rivalität, Neid und Eifersucht zutage treten bzw. von unseren Kognitionen durch eine unangemessene Handhabung des Gezeigten herbeigeführt werden.

Medien

Sehen wir uns die Bedingungen unserer Lebensumwelt an, die Einfluß nehmen auf unsere Rivalität, unseren Neid und unsere Eifersucht, so dürfen wir natürlich die Medien nicht vergessen, angefangen mit Rundfunksendungen, die nicht nur frühmorgens, sondern die den Tag über teilweise als Hintergrund dienen oder unsere Aufmerksamkeit fesseln, über die Tageszeitung, die wir beim Frühstück oder auf dem Weg zur Arbeit studieren, die Zeitschriften, die von uns durchgeblättert oder aufmerksam gelesen werden, und nicht zu vergessen die Fernsehsendungen, die wir sehen.

Durch die Medien können wir Personen erleben, die Rivalen, neidisch und eifersüchtig sind oder sich so darstellen und werden konfrontiert mit Auslösern sowie Äußerungsformen dieser emotionalen Regungen, hören Meinungen über diese Gefühle, ob diese erlaubt oder verboten, erwünscht oder unerwünscht sind; wo sie nutzen können; wo sie Schaden anrichten, oder wie wir sie zeigen müssen, sollen oder dürfen. All das bleibt nicht ohne Folgen für unsere eigene Wahrnehmung, unser eigenes Erleben sowie unseren eigenen Ausdruck von Rivalität, Neid und Eifersucht.

Wie die Werbung, so erhöhen auch die Medien die Durchlässigkeit von Rangordnungen, indem sie uns zeigen, was mit anderen als unseren eigenen Rangplätzen innerhalb bestimmter Hierarchien verbunden ist; dadurch bieten sie uns wiederum Anhaltspunkte wie das Generieren persönlicher Ziele: wir möchten ein so erfolgreicher Tennisspieler wie Michael Stich sein, möchten bei Frauen so beliebt sein wie dieser oder jener Nachrichtensprecher oder Moderator, wie Helmut Schmidt den Durchblick im Weltgeschehen haben usw. Auch hier gilt, solange wir das Gesehene und Gehörte als Hinweise für das Entwickeln eigener Ziele nutzen, es also an unsere persönliche Realität anpassen ist das, was uns die Medien hier bringen, durchaus hilfreich und nützlich für uns; es verhilft uns zu unserem eigenen Fortkommen, zu persönlicher Weiterentwicklung. Sind die von uns abgeleiteten Ziele – gemessen an unseren jeweiligen Möglichkeiten – jedoch überzogen, erreichen wir das Gegenteil: Frustration, Resignation, Depression, Verlust von Ansehen wegen des Einsatzes unlauterer und krimineller Mittel und Wege zum Erreichen unrealistischer Ziele. Nützlich können die Medien also dort sein, wo sie uns zu einer natürlichen Rivalität und Eifersucht sowie einem natürlichen Neid verhelfen, beispielsweise indem sie selbige Emotionen bis auf ein mittleres, für die Erfüllung deren Funktionen optimales Ausmaß steigern.

Positive Auswirkungen auf unsere Rivalität, unseren Neid und unsere Eifersucht sind der Presse, dem Funk dem Fernsehen auch dann zuzuschreiben, wenn sie uns natürliche Äußerungsformen dieser vitalen Emotionen zeigen, die nachzuahmen es sich lohnt. Leider konfrontieren uns die Medien aber auch mit einer Unmenge pervertierter und exzessiver Äußerungsformen dieser Gefühle: Mord und Totschlag aus Eifersucht, Machtgier, Besitzstreben ebenso wie Betrug, Diebstahl, Raub, Intrigen und unzählige Formen von Hinterlistigkeiten und anderes unnatürliches Rivalitäts-, Neid- und Eifersuchtsgebaren. Gehen wir davon aus, daß nicht jeder Leser, Zuhörer oder Zuschauer das Gesehene oder Gehörte zunächst einmal kritisch prüft, ist klar, daß über die Medien vieles Verbreitung findet, daß dem Aufbau bzw. der Beibehaltung natürlicher Rivalitäts-, Neid- und Eifersuchtsäußerungen abträglich ist und genau das fördert, was uns ängstigt: exzessive Rivalität, bohrender Neid, krankhafte Eifersucht.

Genau dies wird von Gruppen angeprangert und verteufelt, und man möchte unsere Rivalität, unseren Neid und unsere Eifersucht als solche – nicht nur deren exzessive und pervertierte Formen und Äußerungsformen – abschaffen. Auch die Aufforderung zum Unterdrücken dieser vitalen Emotionen und zum Etablieren von Gleichheit, Gleichberechtigung, Toleranz, Rücksicht offerieren uns die Medien. Einerseits wird uns erzählt, wieviel Rivalität, Neid und Eifersucht es überall gibt, und daß sie ja schließlich auch gebraucht werden; andererseits werden sie angeprangert und abgelehnt, aber auch negiert und tabuisiert. Diese dadurch entstehende Verwirrung ist aber nun keinesfalls geeignet, bei jedem einzelnen von uns die Entwicklung oder Aufrechterhaltung natürlicher Rivalitäts-, Neid- und Eifersuchtsgefühle sowie entsprechender Äußerungsformen zu fördern. Solche Unsicherheiten führen im Gegenteil wohl in der überwiegenden Mehrzahl der Fälle zu extremen Ausprägungen dieser Emotionen und dementsprechenden Äußerungsformen. Es entstehen Extreme, die sowohl in Exzesse und Perversionen sowie in die vollständige oder nahezu vollständige Unterdrückung dieser natürlichen Gefühle und damit verbundene

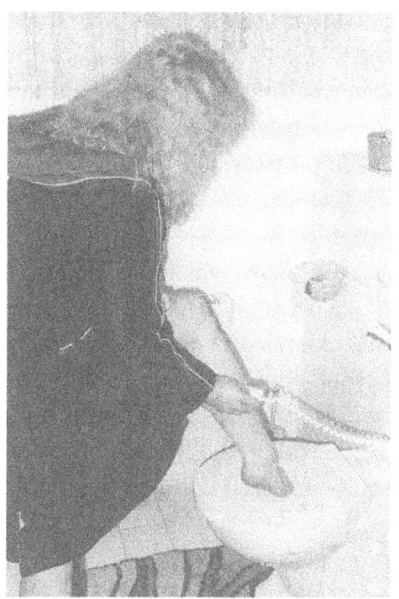

Abb. 23. Da kann der Wunsch hervorgerufen werden, schöne Beine zu haben. Manches können wir tun, um dies zu erreichen; dazu gehört nicht nur das Rasieren, wenn schöne Beine eben nun mal glatte unbehaarte Beine sind. Aber völlig ändern lassen sich Beine dennoch nicht.

Überladung mit Schuldgefühlen sowie Ängsten (vor eben diesen Gefühlen sowie vor Ablehnung) ausarten können. Gemeinsam ist diesen Extremen, daß sie unserer Lust am Leben und unserem Überleben nicht gerade zuträglich sind.

Das sollte uns als Konsumenten veranlassen, das Angebotene nicht unkritisch zu übernehmen, sondern es daraufhin zu überprüfen, was für eine Entwicklung natürlicher Formen diese Emotionen leisten können, und zwar in dem ganz spezifischen Lebenskontext sowie unter den individuellen Persönlichkeitsbedingungen jedes einzelnen von uns (Abb. 23). Das gleiche gilt auch für die Macher von Zeitungen und Zeitschriften sowie von Rundfunk- und Fernsehsendungen, zugunsten der Leser, Zuhörer und Zuschauer auszuwählen. Der Kampf um Auflagenhöhe und Einschaltquoten ist ganz bestimmt auch noch mit anderen Mitteln zu führen als über immer mehr Gewalttätigkeiten: Spannung durch Darstellung von Rivalitäten, Neiderei und Eifersüchteleien ist auch in natürlicher Form sowie gepaart mit ebenfalls natürlichen Äußerungsformen möglich: z. B. statt Intrigen deftige Neckereien, statt Mord, Totschlag und Blutlachen heftige Streitereien.

In dem, was die Medien uns anbieten, spiegelt sich die heutige in unserer und anderen Gesellschaften erfolgte Abkehr von vitalen Emotionen wider. Weil das Dargebotene aber auch beeinflußt, was wir wahrnehmen, erleben, empfinden, ausdrücken, tun und denken, ist es müßig, darüber zu debattieren, was sich nun zuerst ändern muß – unsere Haltung oder das von den Medien Angebotene. Ändern muß sich beides, und zwar gleichzeitig und möglichst schnell.

Würden wir Rivalitäten, Neidereien und Eifersüchteleien aus unseren Medien ganz verbannen, hätte das auch zur Folge, daß wir ein Ventil verlören, das uns erlaubt, unsere ureigene Rivalität, unseren ureigenen Neid und unsere ureigene Eifersucht, die wir uns selbst nicht auszuleben getrauen und gestatten, stellvertretend auszuleben: z. B. indem wir den Machenschaften des J. R. Ewing in der Serie »Dallas« zuschauen; oder uns an Ekel Alfred Tetzlaf in der Serie »Ein Herz und eine Seele« ergötzen oder uns die Haus- und Familiendramen in der »Lindenstraße« reinziehen.

6 Wo erleben wir Rivalität, Neid und Eifersucht?

Es gibt wohl keinen Lebensbereich, in dem diese vitalen Regungen nicht in irgendeiner Form eine Rolle spielen, wir sie bei anderen miterleben oder am eigenen Leibe spüren. Wir finden sie bei Tieren, unter Kindern und unter Erwachsenen, sowie zwischen Altersstufen und Generationen, unter Männern und unter Frauen sowie zwischen den Geschlechtern, im Kindergarten, in der Schule, am Arbeitsplatz und Seniorenheim, bei Verwandten, Bekannten, Freunden, Nachbarn und Kollegen, in Büros, Behörden und Werkstätten, im Warte- und Sprechzimmer des Arztes, bei wichtigen Gesprächen und beiläufigem Geplauder, bei Konferenzen und beim Treppenhausklatsch, in der Wirtschaft und der Politik, in Parteien und Vereinen, bei allen Völkern und Religionsgemeinschaften, beim Sport und im Spiel, im kulturellen Bereich, in Presse Funk und Fernsehen, im trauten Heim, beim Damenkränzchen und am Stammtisch, beim Essen und beim Trinken, beim Flirten und beim Beischlaf, beim Zeugen, Gebären und Erziehen von Kindern, beim Schmusen, Stillen; eben überall (Abb. 24).

Alle Gelegenheiten, bei denen Rivalität, Neid und Eifersucht, in welcher Form auch immer, eine Rolle spielen, können wir hier natürlich nicht betrachten. Also mußten wir beide eine Auswahl treffen. Ausgewählt haben wir solche Rivalitäten, Neidereien und Eifersüchte-

Abb. 24. Selbst auf dem Friedhof findet sich so mancher Anlaß für Rivalitäten, Neidereien und Eifersüchteleien – und das sind nicht nur die von Angehörigen anderer Verstorbener aufgestellten Grabsteine und -leuchten.

lein, die nach unserer Erfahrung – mit uns selbst und unseren Mitmenschen, was selbstverständlich unsere Klienten in der psychologischen Praxis einschließt – am wichtigsten sind; am wichtigsten deshalb, weil wir häufig damit konfrontiert sind und damit umgehen müssen und auch damit Schwierigkeiten haben. Ausgeklammert bleiben die auffälligen oder gar pathologischen Formen der Rivalität, des Neids und der Eifersucht.

Die lieben Kleinen

Schon bei unseren lieben Kleinen finden wir Rivalitäts-, Neid- und Eifersuchtsgefühle. Wie andere Emotionen, sind auch diese Gefühle bei unseren Kindern in einer natürlicheren Form sowie in natürlicheren Äußerungsformen zu beobachten, als bei Heranwachsenden und Erwachsenen. Bei unseren Kleinen sind sie noch nicht tabuisiert und vom Denken niedergeknüppelt. Mit dem Fortschreiten der Sozialisation bzw. mit zunehmender Erziehung verändern sich diese bei den Kleinen noch anzutreffenden vitalen und natürlichen Gefühle und das Ausdrücken wird unterdrückt, ihr Erleben macht Angst, was soweit gehen kann, daß diese emotionalen Regungen zunehmend seltener wahrgenommen werden.

Warum sind unsere Kinder auf Rivalität aus, neidisch und eifersüchtig? – Allgemein können wir davon ausgehen, daß es überall dort, wo Kinder unter Kindern sind, andere Kinder beobachten können – ob in ihrem direkten Lebensumfeld, in den Medien (z. B. in Kindersendungen) oder in Lese- und Bilderbüchern.

Bei unseren lieben Kleinen finden wir Rivalität, Neid und Eifersucht *unter Gleichaltrigen,* wo es um Spielzeug, Zuwendung, Fähigkeiten, körperliche Entwicklung, Aussehen, sportliche und schulische Leistungen, Hausarbeitsdienste und vieles mehr geht. Ebenso treffen wir auf Rivalitäten, Neidereien und Eifersüchteleien zwischen Kindern *verschiedener Altersgruppen;* – jüngere Kleine, die ältere Kinder beneiden, weil sie mehr dürfen: z. B. länger aufbleiben, andere Fernsehsendungen sehen, mit dem Papa auf den Sportplatz gehen . . .; mehr oder anderes bekommen: z. B. mehr Taschengeld, Computerspiele statt Spielzeugautos . . .; mehr und anderes können: z. B. Sportarten beherrschen, kompliziertere Bastelarbeiten ausführen, Bücher lesen statt Bilderbücher ansehen . . .); selbständiger sind und nicht mehr so bemuttert werden: so z. B. alleine statt am Händchen auf den Spielplatz gehen, ihre Kleidung selbst aussuchen statt sie von der Mutter vorgelegt zu bekommen . . .:

Abb. 25. Da können auch auf ihre Selbständigkeit pochende ältere Kinder, die alleine zur Schule gehen und auf Verkehrsschilder achten müssen, eifersüchtig sein auf die Kleinen, die von der Mutter fürsorglich zum Kindergarten begleitet werden.

- ältere Kinder, die jüngere beneiden, weil sie keine Botengänge wie Einkaufen oder andere Arbeiten im Haus und Garten erledigen müssen ;
- ältere Kinder, die auf die Kleinen eifersüchtig sind, weil sie mehr Zuwendung von Eltern, Großeltern und anderen bekommen (Abb. 25).

Auch *unter Jungen und Mädchen sowie zwischen den Geschlechtern* gibt es unzählige Anlässe für Rivalität, Neid oder Eifersucht. Hier geht es eben um all das, was Mädchen und Jungen erreichen wollen, das, worin Mädchen Jungen oder umgekehrt voraus sind, sowie das, was Mädchen Jungen oder umgekehrt streitig machen können. Hier nur eine kleine Auswahl:

- Mädchen, die Jungen beneiden: um ihre Spielzeugautos, die Modelleisenbahn und anderes; ihre kurzen Haare, so daß sie nicht das ewige Ziepen beim Kämmen ertragen müssen; weil diese nicht immer geschimpft bekommen, wenn sie sich balgen; weil die Jungen mit auf den Fußballplatz gehen dürfen; weil sie bei Hausarbeiten nicht dauernd helfen müssen . . .;
- Jungen, die auf Mädchen neidisch sind: wegen ihrer Puppen; weil Mädchen so schöne lange Haare ha-

ben: weil sie von Arbeiten wie Rasenmähen und Straßefegen verschont bleiben, weil sie von anderen sanfter behandelt werden ...

Kommen wir vernünftigen Erwachsenen nun auf die Idee, den lieben Kleinen jegliche von uns beeinflußbare – also nicht naturgegebenen und vielleicht sogar auch noch diese – Auslöser ihrer Rivalitäten, Neidereien und Eifersüchteleien wegzunehmen und ihnen damit ihre Rivalitäts-, Neid- und Eifersuchtsgefühle – bis auf den angeborenen harten Kern – abzuerziehen, ist das ein fataler Fehler. Täten wir es, würden wir unseren lieben Kleinen das nehmen, was sie brauchen, um *für das Leben zu lernen.*

- Wie sollten sie dann früher oder später mit all dem fertig werden, was auf sie einstürzt und sie zu Rivalen, Neidern und Eifersüchtlern werden läßt?
- Wie sollten sie wissen, wann in Rivalitätssituationen Konkurrenz, wann Kooperation sachdienlich ist?
- Wie sollten sie gelernt haben, Rangpositionen zu akzeptieren und für eine Verbesserung der eigenen Position zu kämpfen?
- Wie sollten sie wissen, wieviel Anpassung und wieviel Rebellion wann günstig ist?

Lernen sie dies in der Kindheit nicht, haben sie als Erwachsene damit ziemliche, nicht selten allergrößte Schwierigkeiten und entwickeln unter anderem das, was die meisten von uns kennen, nämlich Angst vor Rivalität, Neid und Eifersucht, sowohl vor ihren eigenen, als auch solchen Gefühlen bei ihren Mitmenschen. Selbiges gilt für das immer mehr in Mode gekommene Aberziehen von Geschlechterunterschieden, die es aber nun einmal gibt.

Eine geschlechtshomogene und -homogenisierende Erziehung führt dazu, daß unsere kleinen Jungen und Mädchen auf das, was als Erwachsene an Rivalitäten, Neidereien und Eifersüchteleien auf sie zukommt, ungenügend vorbereitet sind.

Alte und Junge

Rivalitäten, Neidereien und Eifersüchteleien finden wir auch zwischen allen möglichen Generationen – Kindern und Jugendlichen, Jugendlichen und Erwachsenen, Erwachsenen und Kindern, Erwachsenen jüngeren, mittleren und höheren Alters: man nennt dies *Generationenneid*. Auch hier gibt es viele Auslöser zwischen und innerhalb der Altersgruppen.

Beginnen wir mit dem Neid von Erwachsenen auf sich noch im Kindesalter befindende Kinder sowie auf Jugendliche; Neid kann hier beispielsweise deshalb entstehen, weil:

- die Kinder und Jugendlichen heute eine einfachere und schönere Kindheit und Jugend haben als sie selbst seinerzeit eine hatten: z. B. weil kein Krieg ist, sie sorgloser ihre Kindheit und Jugend genießen können, weniger arbeiten und zum Lebensunterhalt der Familie beisteuern müssen, viele Wünsche erfüllt bekommen . . .;
- die Kinder und Jugendlichen, verglichen mit Erwachsenen, weniger Verantwortung haben, nicht andauernd irgendwelchen Verpflichtungen nachkommen müssen, scheinbar dem Ernst des Lebens noch nicht ins Auge blicken müssen, versorgt werden, mehr Freiheiten haben, noch eher tun und sagen dürfen, was sie wollen, sie von allen Seiten

mehr Zuwendung erhalten, sie ihr Leben noch vor sich haben ...

Wir können bei Erwachsenen auch folgendes beobachten:

- jüngere Erwachsene, die Erwachsene mittleren Alters beneiden, weil die Kinder schon groß sind und sie deshalb wieder mehr unternehmen und für sich selbst tun können, wegen ihres höheren Lebensstandards ...
- Erwachsene jüngeren und mittleren Alters, die Erwachsene in hohem Alter beneiden wegen ihrer Lebenserfahrung, wegen dem schon erreichten Ruhestand ...
- Erwachsene höheren Alters, die junge Erwachsene und solche in mittlerem Alter beneiden, wegen ihrer Gesundheit, körperlichen Attraktivität, sexuellen Potenz (Sexualneid), in der Gesellschaft heute ein höheres Ansehen haben, niemandem zur Last fallen, nicht in Alten- oder Pflegeheimen leben müssen sowie deshalb, weil sie, während sie berufstätig sind, mehr vom Leben haben als sie selbst im Alter von heute Erwachsenen in jüngerem und mittlerem Alter (mehr Freizeit, mehr Möglichkeiten zur Freizeitgestaltung, größere Mobilität und anderes), größeren Freiheit bei der Berufs- und Partnerwahl, besserer beruflicher Chancen und Ausbildungsmöglichkeiten, mehr Freizügigkeit (beispielsweise im sexuellen Bereich)...
- Erwachsene höheren Alters, die auf Jüngere eifersüchtig sind, weil diese jetzt ihre Positionen in der Familie, im Beruf und der Gesellschaft einnehmen.

Abb. 26. Kaum zu glauben, aber wahr ist es, daß so mancher ältere Mensch heute schon allein deshalb abgeschoben wird, weil er sich nicht mehr flink genug bewegen kann.

Es gab bei uns Menschen Zeiten, in denen das höhere Alter ein Zeichen für Lebenserfahrung und Wissen war, und derjenige, der ein höheres Alter erreicht hatte, sich im Kampf ums Überleben behauptet hatte – also das höhere Alter dem Betagten eine hohe Position in Rangordnungen einbrachte. Dies hat sich zwischenzeitlich aber ziemlich drastisch geändert. Die Integration des Alters in den Kriterienkatalog für Rangpositionen kommt in unserer heutigen Zeit immer mehr abhanden. Die jeweils jüngere Generation hat wohl den Eindruck (und muß ihn leider auch haben), daß höheres Alter aus fähigen, die Welt, die Gesellschaft und vor allem die Technik verstehenden und beherrschenden Menschen zurückgebliebene Witzfiguren werden läßt, die nicht einmal mehr eine 6spurige Straße überqueren können oder geschweige denn, am Automaten eine Fahrkarte für die S-Bahn zu lösen vermögen. Deswegen müssen wir leider demnächst, oder auch schon heute, »Alter« als Kriterium für das Erreichen eines hohen Status bzw. einer hohen Rangposition streichen. Die von Jüngeren zunehmend mehr umkämpften hohen Staatsämter mögen noch die letzten Rückzugspositionen der alten Männer darstellen. Durch das zunehmende Abschieben alter Menschen ergeben sich für unsere Alten immer mehr Auslöser für Neid und Eifersucht. In vielerlei Hinsicht sind unsere alten Menschen mit Fug und Recht neidisch und auch eifersüchtig; auch wenn wir diese Gefühle von Betagten nur zu gerne belächeln. Bei aller Abschieberei dieser Menschen vergessen wir, daß sie den Jüngeren einiges voraus haben – und zwar Erfahrungen, die durch nichts zu ersetzen sind (Abb. 26).

Nicht nur bei Erwachsenen, sondern auch bei Heranwachsenden im jugendlichen Alter treffen wir beispielsweise auf:

- Jugendliche, die Kinder beneiden, weil die Kinder noch mehr behütet und umsorgt werden, weniger zur Verantwortung gezogen werden ...;
- Jugendliche, die Erwachsene beneiden, weil diese »wer sind«, ihre Position in der Familie, im Beruf und der Gesellschaft gefunden haben, sie in allen möglichen Bereichen mehr Erfahrung haben, von den eigenen Eltern weniger oder nicht mehr gemaßregelt werden, mehr Geld haben ...

Die Jugend ist eine Zeit des Umbruchs, eine Zeit der meisten und gravierendsten Unsicherheiten, eine Zeit, in der es darum geht, Gewohntes von der Kindheit abzulegen und aufzugeben, sowie Neues zum Erwachsenwerden aufzubauen. In diesem Wirrwarr der Unsicherheiten müssen sich Jugendliche nun zurechtfinden. Dazu gehört nicht zuletzt, neue Ziele für sich selbst zu entwickeln und solche anzustreben. Rivalitäten, Neidereien und Eifersüchteleien können dabei als Ansporn für das Erwachsenwerden und damit eine Weiterentwicklung der Persönlichkeit äußerst hilfreich sein.

Mann und Frau

Rivalitäten, Neidereien und Eifersüchteleien zwischen Mann und Frau treffen wir überall dort an, wo Männer und Frauen miteinander zu tun haben oder zwangsweise nicht miteinander zu tun haben, wie in der Partnerschaft, im Berufsleben, in der Wirtschaft und der Politik, aber auch in Vereinen, Verbänden, privaten Freizeit- und Hobbygruppen. Dies beginnt bereits im Kindesalter und geht weiter bis ins hohe Alter; während des ganzen Lebens finden sich Gelegenheiten, bei denen Frau auf Mann oder Mann auf Frau neidisch sein kann, die bei dem einen oder dem anderen Geschlecht Rivalität und Eifersucht auslösen können: gemeint ist nicht nur die Verteilung von Macht und Privilegien, berufliche und gesellschaftliche Chancen, Ansehen im Beruf und der Gesellschaft, Aufgabenverteilung im Haushalt und bei der Kindererziehung, finanzielle Versorgung, besondere Fähigkeiten und Geschicklichkeiten. Einige andere solcher Gelegenheiten bwz. Auslöser der Geschlechterrivalität, des -neids und der -eifersucht sollen näher betrachtet werden.

Körperliche Attraktivität

Vielerorts und nicht zuletzt bei vielen Männern finden wir die Ansicht, daß der weibliche Körper attraktiver und ästhetischer sei, als der des Mannes – aufregend, propper und wohlgeformt, das sind Beschreibungen, die wir neben anderen oftmals hören. Streben nun die Herren der Schöpfung danach sich eine attraktive Lebensgefährtin an Land zu ziehen, kann das unterschiedlichen Zwecken dienen; es kann um das Zeugen möglichst wohlgestalteter Nachkommen gehen, um die sexuelle Anregung, aber auch darum, ein Vorzeigeobjekt zu haben, eine »bessere Hälfte«, die das hat, was dem Manne fehlt, nämlich die körperliche Attraktivität. Mode- und Schmuckdesigner, Parfümindustrie und Schminkzeug tun ihr übriges dazu, damit die Herren mit ihren Damen genau das bekommen, was ihnen selbst fehlt, um das sie die Frauen beneiden. Haben sie eine attraktive Frau an ihrer Seite, hilft das mit ziemlicher Sicherheit ihren Neid zu mindern auf die Frauen, die ihnen an körperlicher Attraktivität doch wohl unbestreitbar einiges voraus haben.

Sexistisches

Geht es um die sexuelle Lust und das Ausleben derselben, läßt sich vielerlei finden, das bei Männern und Frauen Neid auslöst.

Da *beneiden die Herren die Damen,* weil diese:

- trotz Passivität beim Liebesakt ihren Anteil zum Kinderzeugen leisten;
- trotz mangelnder Erregung den Beischlaf vollziehen können, wohingegen bei den bedauernswerten Männern ein Erregungsmangel sofort auffällt und eben nichts mehr läuft;
- mehrere Orgasmen hintereinander haben können;
- häufiger angemacht werden als selbst anmachen zu müssen;
- wenn sie in »unpassenden« Situationen sexuell erregt sind, weniger auffallen (ein erigierter Penis

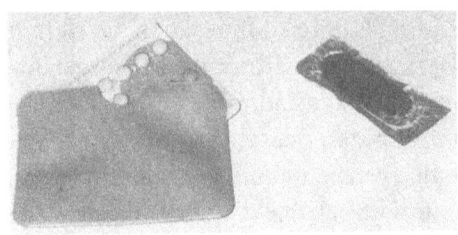

Abb. 27. Da sind die Frauen, die Männer beneiden, weil diese nicht jeden Tag an die Antibabypille denken und ihren Körper nicht mit dieser Hormongabe belasten müssen, aber auch die Männer, die Frauen beneiden, weil sich diese beim Liebesspiel nicht in eine Gummihaut zwägen müssen, was vielleicht sogar ihre sexuelle Lust mindert und ihr sexuelles Erleben stört.

kann einem Manne so manches Mal schon ganz schön peinlich sein);
- über die Verhütung einer ungewollten Schwangerschaft mehr Kontrolle haben;
- ihre Genitalorgane zum Zwecke der Schwangerschaftsverhütung und Vorbeugung von AIDS nicht in ein Kondom zwängen müssen (Abb. 27).

Aber *auch Frauen sind auf Männer neidisch,* weil diese:
- eher als Frauen potentielle Sexualpartner anmachen dürfen;
- sich seltener gegen lästige Anmachereien zur Wehr setzen müssen;
- beim Studium von Pornozeitschriften und -filmen eher auf ihre Kosten kommen,
- aufgrund der größeren Vielfalt der sich für Frauen im Handel befindlichen Reizwäsche mehr fürs Auge bekommen;
- keine Menstruation haben und sich nicht mit damit verbundenden monatlichen Beschwerden herumschlagen müssen;

- noch in höherem Alter Kinder zeugen können;
- sich für die Verhütung weniger verantwortlich fühlen;
- schneller zum Orgasmus kommen;

Gebärneid

Schwangerschaft und Geburt sind neben der Fähigkeit des Stillens, zwei echte Domänen der Frau. Die Herren der Schöpfung spenden ihren Samen, womit sie ihren Anteil zum Zeugen von Nachkommen leisten. Ausgetragen und unter Schmerzen geboren werden sie von den Frauen, dem schon allein deshalb starken Geschlecht. Also noch etwas, wodurch Frauen eine nicht zu unterschätzende Macht zukommt; auch wenn sie selbst dies heute oft kaum noch so sehen, sondern Schwangerschaft, Geburt, Stillen ebenso wie Kindererziehung und Haushalt als etwas ansehen, das nicht so schrecklich viel wert ist.

Männer neiden es den Frauen, daß sie schwanger werden und Kinder gebären können. Dieser Neid kann beispielsweise in dem vielfach zu beobachtenden Phänomen zum Ausdruck kommen, *daß Männer nach der Geburt eines Kindes einen erheblichen Arbeitseifer im beruflichen Bereich entwickeln.* In der psychotherapeutischen Praxis erleben wir es oft, daß die jungen Mütter über diese seltsamen Anwandlungen ihrer Männer nicht gerade erfreut, sondern von dieser unerwarteten Veränderung eher enttäuscht sind; sich gekränkt fühlen, weil sie dieses Treiben als Ablehnung von Mutter und Kind zumindest als ein Desinteresse interpretieren. In manchen Fällen mag diese Interpretation stimmen, in aller Regel bedeutet dieser merkwürdige Arbeitseifer jedoch etwas anderes. Mit dem Austragen, Gebären und Ernähren des Kindes hat die Frau unzweifelhaft eine ganze Menge für den Fortbestand der Familie und die Weitergabe der Gene geleistet, wohingegen der Mann dabei herzlich wenig tun konnte. Seine Arbeitswut nach der Geburt des Kindes können wir deuten als ein Streben nach Ausgleich, jetzt selbst einen angemessenen Beitrag zu leisten. In einigen primitiven Kulturen finden wir ein magisches Ritual, bei dem der Mann um die Zeit der Geburt, die Geburt und das Wochenbett simuliert. Dieses sogenannte Couvade-Ritual (Couvade = das Männerkindbett) wird u. a. als Ritual interpretiert, durch das böse Geister von der Gebärenden ferngehalten werden sollen, als Weg, der es dem Vater erlaubt, seine Vaterschaft zu konkretisieren und Zweifel daran vermindern sowie sich leichter mit der Mutter und dem Kind zu indentifizieren. Vielleicht ist es aber der Neid auf Schwangerschaft und Geburt, der sich in dem Couvade-Ritual ausdrückt.

Auch um die *Aufmerksamkeit und Zuwendung*, die viele Frauen in dieser Lebensphase von ihrer Umwelt erhalten, werden sie von den Männern beneidet; vielfach stehen die werdenden Mütter und frischgebackenen Mütter im Mittelpunkt, wohingegen die Väter abseits stehen. Dieser Neid könnte Ausdruck finden in während der Zeit der Schwangerschaft bei manchen werdenden Vätern auftretenden psychosomatischen Beschwerden, die spätestens nach der Geburt wieder abklingen. Kommt der Neid werdender Väter in psychosomatischen Beschwerden zum Ausdruck, kann dies für sie ein Mittel sein, um ebenfalls Zuwendung und Aufmerksamkeit zu erhalten.

Der Gebärneid schließt auch den Neid des Mannes ein, der dadurch entsteht, daß sich die Frau ihrer Mutterschaft via Schwangerschaft und Geburt in jedem sicher sein kann, wohingegen der Mann sich auf die Aussagen der Partnerin verlassen muß; d. h. er sich seiner Vaterschaft nicht unbedingt sicher sein kann.

Neidisch sind Männer auch darauf, daß die Frauen *eher etwas von dem Kind haben*. Etwa ab der 18. – 20.

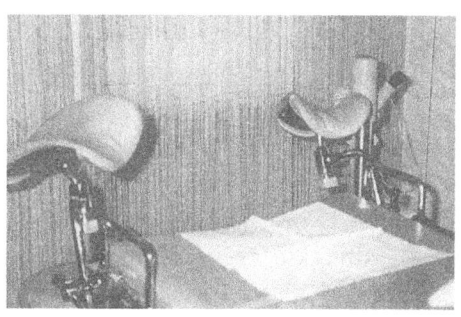

Abb. 28. So manche Frau würde es wohl auch mal gerne sehen, wenn das scheinbar starke Geschlecht mit ausgebreiteten Beinen auf einem solchen Untersuchungsstuhl läge.

Schwangerschaftswoche spüren Frauen das werdende Leben in Form der Kindesbewegungen. Dieser Neid veranlaßt so manchen werdenden Vater dazu, plötzlich ein zärtlicher Bauchstreichler und Handaufleger zu werden, um auch etwas von dem Werden des Kindes mitzuerleben. Wesentlich direkter als der werdende Vater erlebt die Frau die Geburt, ein, wie es wohl die große Mehrheit der Mütter empfindet, einmaliges und wunderbares Erlebnis. Ein natürlicher Ausdruck dieses Neids der Väter kann darin bestehen, daß sie bei der Geburt anwesend sind, wodurch sie zwar immer noch nicht das erleben, was eine Gebärende erlebt, aber somit an dem Wunderbaren wenigstens etwas teilhaben können.

Andererseits gibt es Frauen, die das Kinderkriegen gerne den Männern überlassen würden, weil sie sich durch dieses Fortpflanzungsgeschehen benachteiligt fühlen und es, wenigstens im beruflichen Bereich, auch sind (Abb. 28); leider entspricht es den Tatsachen, daß manch eine Stelle nicht an eine Frau vergeben wird, die schwanger werden könnte und deshalb ganz oder zeitweilig aus dem Betrieb ausscheidet, oder oft höhere Positionen für

Frauen aus diesem Grund nicht zu erreichen sind. Aber nicht nur die Chancenungleichheit im Beruf ist es, die manche Frau dazu veranlaßt, dem Manne das Schwangersein zu wünschen. Bekanntlich ist eine Schwangerschaft und Geburt nicht nur mit Annehmlichkeiten (angenehmes Körpergefühl, Stolz, vermehrte Zuwendung und Aufmerksamkeit) verbunden, sondern bringt auch viel Lästiges, Beschwerliches, Unangenehmes und bei gestörtem Schwangerschaftsverlauf sogar Gefährliches mit sich. Davon bleiben die werdenden Väter verschont, und darum können Frauen sie mit Recht beneiden.

Brustneid

Hier geht es nicht nur um die Tatsache, daß Frauen Brüste haben und die Männer keine, sondern auch um deren Funktionen. Wenigstens bis zum Aufkommen der Flaschenernährung war die Milchproduktions- und die damit verbundene Ernährungsfunktion der weiblichen Brust die entscheidende Nahrungsquelle für Säuglinge, für die Nachkommen. So kommt den Frauen durch ihre Brüste eine Macht zu über Sattheit und Hunger sowie letztlich über Leben und Tod der Nachkommen. Um diese Macht beneiden Männer die Frauen. Die weiblichen Brüste vermitteln aber auch Geborgenheit und Wärme und das wissen nicht nur die Nachkommen, sondern auch die Herren, die dies nicht zuletzt beim Sex erfahren dürfen.

Penisneid

Angeblich beneiden die Frauen die Männer wegen ihres Penis. Die Theorie des Penisneids stammt von Sigmund Freud, der davon ausgeht, daß sich das kleine

Mädchen wegen dem bei ihm nicht vorhandenen Penis, verglichen mit dem kleinen Jungen, beschädigt, unvollständig fühlt und sich wünscht einen Penis zu besitzen (Kastrationskomplex). Dieser Theorie des Penisneids folgend, verändert sich dieser Neid im Laufe der Entwicklung des Kindes und kommt dann in der Form des Kinderwunsches und in der Form des Wunsches, den Penis während des Beischlafs lustvoll zu genießen.

Nun ist der männliche Penis aber nicht nur ein anatomischer Sachverhalt; vielmehr gilt er auch als ein Symbol für Macht, Status und Privilegien des männlichen Geschlechts: Das, was der Penis symbolisiert, ist wohl eher der Neidauslöser für die Frauen.

Partnerschaft und Ehe

In jeder Partnerschaft gibt es Rivalität, Neid und Eifersucht. Vielerlei Auslöser für diese Emotionen finden sich in dieser Art Beziehung zwischen Männlein und Weiblein. Weil sie besonders wichtig sind, entsprechend häufig vorkommen und wir mit ihnen auch, aber nicht nur deshalb in geeigneter Form umgehen können sollten *sehen wir uns hier hauptsächlich die sexuelle Eifersucht und Rivalität sowie den Partnerneid* an.

Sexuelle Eifersucht bei Mann und Frau

Die sexuelle Eifersucht ist bereits im Tierreich tief verwurzelt; wie bei uns Menschen wirkt sie dort als natürlicher Widersacher von sexuellen und genetischen Expansionsbestrebungen oder -bedürfnissen. Wir wissen aufgrund der Evolutionstheorie, daß eines jeden Lebewesens und damit auch des Menschen höchstes Bestreben in der Verbreitung seiner eigenen Gene liegt. Da aber nun nicht nur die »wilde« Verbreitung der Gene, sondern auch ihre pflegende Aufzucht und Sozialisation evolutionär wichtig sind, hat sich die Natur die einhaltgebietende sexuelle Eifersucht einfallen lassen; neben die bisweilen aufkommenden, ebenfalls natürlich angelegten Schuldgefühle hat diese vitale emotionale Regung unter anderem die Aufgabe, promiskuischen Beischlaf einzugrenzen.

Der Nutzen des Selektionsvorteil dieser sexuellen Eifersucht liegt dort auf der Hand, wo Tiere bzw. Menschen in einer Rollenverteilung leben, die so gestaltet ist, daß der männliche Part für einen notwendigen Teil der Nahrungsbeschaffung zuständig ist, und der weibliche Part sich eine beträchtliche Zeit in der Schwangerschaft befindet und sich im übrigen um die Nachkommen kümmern muß. Bei einer solchen Rollenverteilung besteht der Selektionsvorteil der sexuellen Eifersucht darin, daß diese Pärchen weniger Kuckuckseier im Nest haben und bei begrenzten Ressourcen und einer daraus resultierenden limitierten Nachkommenzahl mehr ihre eigenen (auch eifersüchtigen) Gene an die Nachwelt weitergeben können, als ihre nicht eifersüchtigen Konkurrenten.

Die positive Funktion vitaler sexueller Eifersucht ist also die, dem Grenzen zu setzen, daß beide Partner sexuell und beziehungsmäßig machen was sie wollen, das Ausleben ihrer diesbezüglichen Wünsche und Bedürfnisse übertreiben. Solcher Übertreibung soll die vitale und natürliche Eifersucht des betrogenen Partners ebenso Grenzen setzen, wie die vitale und natürliche Scham bzw. das Schuldbewußtsein des Täters. Allerdings sollten diese Grenzen nun auch wieder nicht so eng sein, daß ein Blick, ein nichtsexueller Flirt, ein Scherz und und neckendes Gespräch versagt bleiben; auch sollte der Zaun nicht so hoch sein, daß er nie mit einem vertretbaren Schuldgefühl überstiegen werden kann.

Sehen wir uns den oben beschriebenen Selektionsvorteil an, erscheint es fast logisch, daß die Eifersucht bei Männern und Frauen quantitativ verschieden ist. Solche Geschlechterunterschiede sind nahezu tagtäglich zu beobachten. Vielfach deutet sich eine emotional- instinktive Anlage zu einer Eifersuchtsgestaltung an, die:

- seitens der Männer auf den für sie überaus mißlichen Seitensprung ihrer Frau abzielt, der ihnen Nachkommen bescheren kann, die nicht ihre Gene tragen, für deren Aufzucht sie aber in allen Gesellschaften aufzukommen haben;
- seitens der Frauen auf die Zeit abzielt, die der Partner mit Aktivitäten und Dingen verbringt, die nichts zur Aufzucht und Pflege der gemeinsamen Nachkommen beitragen, sich vergnügen.

Es lassen sich jedoch noch weitere Geschlechterunterschiede beobachten, die mit den Auslösern, dem Ausmaß, dem Umgang mit und den Folgen der sexuellen Eifersucht zu tun haben:

- Die Ursachen für ein tatsächliches oder befürchtetes Abwenden des Partners sehen Männer primär in äußeren Bedingungen, den Rivalen, wohingegen Frauen dazu neigen, die Ursachen bei sich selbst zu suchen, Schuldgefühle zu entwickeln, die Eifersuchtsgefühle abzuwehren durch Wendung gegen die eigene Person (Abb. 29).
- Männer neigen dazu, ihre Eifersucht abzuleugnen; Frauen geben dagegen eher zu, eifersüchtig zu sein.
- Eifersüchtige Männer neigen dazu, in erster Linie ihr beschädigtes Selbstwertgefühl wieder aufzupäppeln, während Frauen versuchen, die Beziehung zum Partner zu verbessern, wenn sie glauben Grund

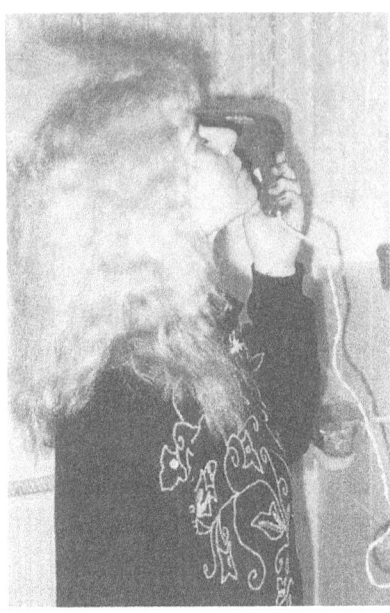

Abb. 29. Ein vermeintlich unzulängliches Aussehen und zuwenig Mühe bei der Schönheitspflege sind häufige Gründe, die Frauen bei sich selbst dafür finden, daß der Partner sich scheinbar oder tatsächlich anderweitig umsieht oder gar bereits vergnügt.

zur Eifersucht zu haben. Diese Haltung der Frauen kann so weit gehen, daß sie sich in der Beziehung völlig an ihren Partner anpassen, die eigene Persönlichkeit (samt ihrer Interessen, Wünsche und Bedürfnisse) verleugnen oder auf andere Art in den Hintergrund stellen und sich aufopfern, um einem drohenden Verlust vorzubeugen.

Männer neigen eher als Frauen dazu, eine Beziehung wegen eines Seitensprungs des anderen abzubrechen. Eher als Männer scheinen Frauen einen Seitensprung zu verzeihen, wenn er dann nun schon mal passiert ist und der Partner schwört, daß die Sache in dieser Sekunde beendet, ihm furchtbar peinlich ist und er niemals wieder so etwas tun . . .

Unterschiedlich ist auch die moralische Bewertung von Seitensprüngen beider Geschlechter. Zu beobachten ist, daß nach der wohl in fast allen Kulturen und zu allen Zeiten herrschenden Moral der Seitensprung der Frau schärfer verurteilt und bestraft wurde, als im umgekehrten Fall der Fehltritt des Mannes.

Wie steht es aber nun mit der kognitiven, sprachlich-rationalen Bewertung von Seitensprüngen des Mannes und der Frau auf der Seite der Betroffenen? Es gibt verschiedene Möglichkeiten der verstandesmäßigen Bewertung und dementsprechend auch unterschiedliche Folgen. Was wir im Alltag ständig beobachten können, ist beispielsweise folgendes: Der *Seitensprung*, ob der der Frau oder des Mannes – wird von den Betrogenen:

- als das Allerletzte verteufelt und zum Scheidungsgrund; dies vielleicht eher eine Bewertung betroffener Männer;
- pseudolegitimiert mit Hilfe verschiedener Strategien des Wegschiebens der Eifersuchtsgefühle; durch verleugnen (Eifersucht = Besitzanspruch = das Allerletzte, doch nicht bei mir!); bagatellisieren (So sind sind die Frauen / die Männer nun mal!); Vekehrung ins Gegenteil (Jetzt weiß er / sie endlich, was er / sie an mir hat) und andere. Aus dem Seitensprung wird kein Scheidungsgrund, und die Beziehung wird fortgeführt; dies ist vielleicht eher eine Bewertung betroffener Frauen;
- zum Anstoß oder zur Rechtfertigung dafür, das, was der andere heimlich sowie mit einem mehr oder minder schlechtem Gewissen in einem begrenzten Rahmen von Öffentlichkeit und Ernsthaftigkeit getrieben hat, jetzt vielleicht sogar ganz offen und ernsthaft selbst zu tun.

Andere im Zusammenhang mit der sexuellen Eifersucht interessante kognitive Bewertungen betreffen die Selbst- und Fremdeinschätzung des Eifersuchtserzeugers, egal ob dieser nun männlich oder weiblich ist. Sowohl die *Selbst- als auch die Fremdeinschätzung* sind hier charakteristischer und ziemlich ambivalent. Auch hier können wir aus unserer Alltagserfahrung heraus folgendes feststellen:

- In den Augen des betrogenen Partners kann der Eifersuchtserzeuger durch seinen Erfolg bei anderen attraktiver und durch den drohenden Verlust noch zusätzlich wertvoller werden; andererseits erhöhen sich aber die »Kosten« im Umgang mit ihm »Kosten« in der Form von Scherzen, die durch sein »unmoralisches« Verhalten oder dadurch entstehen, daß er seine Zuwendung anderen schenkt, oder notwendigen Anstrengungen, um ihm zu Gefallen zu sein und ihn zu behalten.
- In seinen eigenen Augen gewinnt der Eifersuchtserzeuger Attraktivität und Selbstbestätigung durch Begehrtsein einerseits, andererseits verringert sich sein Selbstwertgefühl durch Schuldgefühle wegen seines eigenen verwerflichen Verhaltens.

Zu den anderen, neben der sexuellen Eifersucht in Partnerschaften vorkommende Eifersüchteleien gehört u.a. auch der Partnerneid.

Partnerneid

Der *Partnerneid* – also der Neid zwischen Frau und Mann innerhalb von Partnerschaften – wird überall dort ausgelöst, wo ein Partner dem anderen in irgendetwas

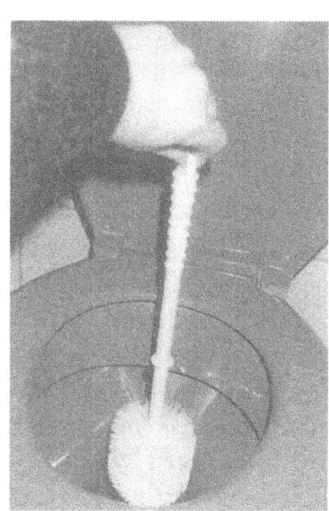

Abb. 30. Manch eine geplagte Hausfrau beneidet den Gatten, der sich beim Arbeitsessen mit einer Kollegin vergnügt, während sie selbst lästige Hausfrauenpflichten erledigt.

voraus ist und der andere einen Mangel empfindet; grundsätzlich kann es dabei um all das gehen, was wir in dem Abschnitt »Mann und Frau« bereits unter die Lupe genommen haben. Korrekterweise müßte deshalb hier auch nicht nur von Partnerneid, sondern zugleich von *Partnerrivalität und -eifersucht* gesprochen werden (Abb. 30).

Obwohl wir Rivalitäten, Neidereien und Eifersüchteleien zwischen Männern und Frauen bereits betrachtet haben, und obwohl die Auslöser vergleichbar sind, *nehmen Rivalitäts-, Neid- und Eifersuchtsgefühle zwischen Partnern wegen der Enge der Bindung eine Sonderstellung ein*, ebenso wie unter Geschwistern.

Nehmen wir den beruflichen Bereich: Da haben wir den Ehemann, der neidisch ist auf den größeren Erfolg seiner Ehegattin, und die Ehefrau, die Neid empfindet, weil ihr nicht die gleichen Chancen eingeräumt werden wie ihrem Gatten; Neid aufgrund des Erfolgs oder Aufstiegs des Partners. Im Zaum gehalten wird dieser Neid allenfalls dadurch, daß sich der eine mit dem Erfolg des anderen Partners identifiziert; dies funktioniert jedoch nur bei einer gemeinsamen beruflichen Tätigkeit beider Partner. Sind beide Partner auf demselben Gebiet tätig, kann es jedoch ganz schön schwierig werden. Der Konkurrenzkampf läuft, und wer ihn gewinnt, hat auch gleichzeitig schon verloren, denn er wird sich vor Angriffen und bissigen Bemerkungen kaum mehr retten können, es sei denn, ein Arbeitsplatzwechsel findet statt. Auch bleibt der im beruflichen Feld entfachte Konkurrenzkampf im allgemeinen nicht auf diesen Lebensbereich beschränkt, sondern wird ausgeweitet auf alles, wo ein Partner dem anderen unter bzw. überlegen sein kann. Der hier für den Arbeitsbereich betrachtete Mechanismus funktioniert natürlich auch in anderen Lebensbereichen. Hierher gehört auch folgende Beobachtung: Bemerkt der Partner, daß der andere im Bekanntenkreis beliebter ist, schwindet seine Lust, gemeinsam die Feiern zu besuchen; oder ist er mit dem Beliebteren gemeinsam dort, gibt er Sticheleien von sich, oder versucht, sich selbst in den Mittelpunkt zu stellen; womöglich trägt der tatsächlich oder, wie er meint, Unbeliebtere noch die negativen Charakterzüge seines Partners ans Licht, beschwert sich über selbige in subtiler oder vehementer Art und Weise und wartet auf Mitleid. Als Spielwiesen für den im beruflichen Bereich entflammten Konkurrenzkampf bieten sich auch Haushalt und Kindererziehung geradezu an; und häufig können wir in der Folge dort Vorwürfe, Besserwissereien und Angiftereien und Nörgeleien hören.

Die erhebliche Bedeutung solcher Kämpfchen oder Kämpfe unter Partnern wird klar, wenn wir bedenken, daß es meist nicht nur darum geht, auf einem speziellen Gebiet dem anderen über- oder unterlegen, ihm eine oder mehrere Nasenlängen voraus zu sein, wie das gegenüber normalen Arbeitskollegen, Stammtischkumpeln oder Parteigenossinnen der Fall ist; vielmehr geht es bei den meisten dieser Partnergefechte um die *Führerposition* innerhalb der Partnerschaft. Obwohl die Paare in ihrer großen Mehrheit es wohl – zumindest nach außen hin – vehement bestreiten würden, daß es dabei um die Bildung, Festigung oder Veränderung der in der Partnerbeziehung bestehenden Hierarchie geht, ist genau das der Fall. Trotz der noch so vehementen Ablehnung einer solchen Rangordnung ist diese in der Partnerschaft ebenso notwendig wie in der Familie, denn – dieser Vergleich sei hier gestattet – nicht einmal eine kleine Jolle läßt sich ohne Hierarchie, ohne Rangordnung segeln; finge der Steuermann während einer Regatta vor jeder Wendeboje mit seinem Vorschoter eine Diskussion an, wann man denn wenden wolle, dann wäre wohl jedes Rennen verloren. Ähnlich erginge es uns in der Partnerschaft mit ihren Höhen und Tiefen, Innigkeiten und Zerwürfnissen, Freuden und Leiden im Alltag, der vielerlei Entscheidungen und ein hohes Maß an Tatkraft erfordert.

Familienspektakel

Wie in allen anderen Sozialverbänden, gibt es Rivalitäten, Neidereien und Eifersüchteleien auch innerhalb der Familie – in der Kleinfamilie (Eltern und Kinder) ebenso wie im Familienkreis bzw. der heute in alle Winde verstreuten Großfamilie.

Eltern und Kinder

Es geht um Eltern und Kinder, um diejenigen Verwandten also, die neben Geschwistern die meisten gemeinsamen Gene haben. Diese enge biologische Verwandtschaft läßt keinesfalls den Schluß zu, daß es da keine Rivalitäten, Neidereien und Eifersüchteleien gäbe und beständig Friede, Freude, Eierkuchen herrsche. Auch das Eltern-Kind-Verhältnis bleibt von Rivalitäten, Neidereien und Eifersüchteleien keineswegs verschont – und das ist gut so: Wie überall anderswo werden diese vitalen Emotionen auch in dieser engen Verwandtschaftsbeziehung unbedingt gebraucht..

Bei *einzelnen Elternteilen* können wir beobachten, daß sie:

- auf die eigenen Kinder eifersüchtig sind, weil der Partner dem Nachwuchs mehr Zuwendung und Aufmerksamkeit schenkt als ihnen selbst: z. B. die Herren, die sich nach der Geburt eines Kindes von ihrer Partnerin vernachlässigt oder zurückgesetzt fühlen;
- sie auf die eigenen Kinder neidisch sind, weil ihre eigenen Eltern als Großeltern der eigenen Kinder letzteren mehr bieten können als ihnen selbst während sie klein waren;
- sie auf die eigenen Kinder deshalb eifersüchtig sind, weil ihre eigenen Eltern den Enkeln jetzt die Zuwendung und Aufmerksamkeit schenken, die sie selbst früher von den jetzigen Großeltern nicht bekommen haben.

Ebenso können Kinder eifersüchtig sein auf einen Elternteil, weil ihnen dieser die Zuwendung des anderen – von Vater oder Mutter – tatsächlich oder anscheinend streitig macht. Oftmals können wir beobachten, daß Kinder Angst haben, aus der Gemeinschaft ausgeschlossen zu werden; dies zeigt sich beispielsweise daran, daß sie sich zwischen ihre in trauter Zweisamkeit auf dem Sofa sitzenden Eltern schieben oder sich zwischen die Eltern ins Ehebett kuscheln. Wichtig ist es hier, daß Eltern ihren

Kindern das Gefühl der Zugehörigkeit zur Familie vermitteln, ihnen aber zugleich auch signalisieren, daß die Beziehung zwischen den Elternteilen eine Gemeinschaft ist, an der Kinder nicht immer und zu jeder Zeit teilhaben; ebenso wie unter Geschwistern oft eine Gemeinschaft bestehen kann, aus der sich die Eltern tunlichst fernhalten sollten; und zwischen Kindern und einem Elternteil in so mancher Situation eine Gemeinschaft zustandekommt, in der der andere Elternteil nichts zu suchen haben soll, z. B. Geheimnisse, die nur der Mutter oder nur dem Vater anvertraut werden und auch nur bei diesem einen bleiben sollen.

Vielfältige Auslöser von Rivalitäten, Neidereien und Eifersüchteleien zwischen Eltern und Kindern ergeben sich im Zusammenhang mit dem, was wir das *Generationsproblem* nennen. Die Auffassung, daß Eltern von ihren Kindern bis ans Lebensende in jedem Falle eingeschränkt zu achten, zu ehren und möglichst auch noch zu lieben sind, wurde vom Christentum zur landläufigen Meinung hochstilisiert. Dieser, wie es scheint, unumstößlichen Regel sei hier eine ketzerisch-verhaltensforscherische Auffassung entgegengehalten – nämlich, daß nach dem Wegfall des Kindchenschemas in der Pubertät die Achtung der Eltern vor ihren Kindern noch mehr zu wünschen übrig läßt, als dies in unserer kinderfeindlichen Gesellschaft ohnehin schon der Fall ist und kaum noch gesteigert werden kann. Hinzu kommt, daß Eltern- und Kindergeneration im Erwachsenenalter ökonomisch nicht mehr voneinander abhängig sind bzw. diese Abhängigkeit dank unseres Renten- und Pensionssystems allenfalls zu ungunsten der Kindergeneration besteht. Letztere rackert sich im Berufs-, Hauhalts-, Kindererziehungs-, Umwelt- und Ansehensstreß ab, um den Abtrag für den Anbau am elterlichen Haus herbeizuschaffen und die Kinder durch die Gefahren dieses Lebens an die Anforderungen desselben heranzuführen, während erstere nur auf ihre Rente zu warten brauchen. Irgendwann in ihrer Erwachsenwerdung sehen es diese Kinder nicht mehr ein, sich von ihren Eltern als Kinder behandeln zu lassen – sich in allem sagen lassen zu müssen, wo's im Leben und der Kindererziehung langgeht. Sicherlich können Sie sich vorstellen, welches Potential von Auslösern für Rivalitäten, Neidereien und Eifersüchteleien dieser manigfaltige Zündstoff auch für alle psychischen, psychosomatischen und körperlichen Krankheiten bietenden Konstellation in sich birgt.

Eindeutig feststellen können wir, daß, wie in nachbarschaftlichen und allen anderen sozialen Beziehungen, in engen familiären Beziehungen grundsätzlich alles möglich und »normal« ist.

Stiefeltern und Stiefkinder

Noch komplizierter wird die Sachlage meist dann, wenn es sich um Stiefkinder und -eltern handelt. Da sind:

- die leiblichen Kinder des einen Elternteils eifersüchtig auf die Kinder der Stiefmutter oder des Stiefvaters, weil diese Stiefgeschwister ihnen die Zuwendung und Aufmerksamkeit streitig zu machen drohen, die sie vorher alleine von ihrem eigenen Vater oder ihrer eigenen Mutter bekommen haben;
- die leiblichen Kinder eines Elternteils eifersüchtig auf die Stiefmutter oder den Stiefvater, weil ihnen auch durch den neuen Elternteil etwas von dem verlorenzugehen droht, was nur sie von ihrem leiblichen Vater oder ihrer leiblichen Mutter vorher bekommen haben;

- Stiefelternteile, die den neuen Partner um das beneiden, was er ihnen voraus hat: beispielsweise Kinder, die besser erzogen sind, bessere schulische Leistungen erbringen, selbständiger sind als die eigenen Kinder oder ein geschickteres Händchen im Umgang mit ihren eigenen Kindern;
- Stiefelternteile, welche die Kinder des neuen Partners beneiden um die Zuwendung und Aufmerksamkeit, die diese Kinder von dem Partner bekommen.

Das Stiefeltern-Stiefkinder-Verhältnis taucht nicht zuletzt in vielen Märchen auf; vielfach stoßen wir dabei auf die sprichwörtlich böse Stiefmutter Tatsächlich zeigen Befragungen von leiblichen Eltern und Kindern sowie Stiefeltern und -kindern, daß Stiefväter ihre Stiefkinder genauso betrachten und behandeln wie leibliche Väter und von den Stiefkindern auch wie leibliche Väter erlebt werden, wohingegen das Verhältnis von Stiefkindern zu Stiefmüttern sprichwörtlich schlecht ist. Dieser Unterschied läßt sich psychologisch recht gut erklären: da sich Väter ihrer Vaterschaft nie so recht sicher sein können, sollen sie gegenüber »Auffälligkeiten« bei ihren Kindern eine größere Toleranz haben. Eine Mutter braucht eine solche Toleranzbreite nicht, weil sich ihrer Mutterschaft absolut sicher sein kann.

Geschwister

Unter Geschwistern, welchen Geschlechts auch immer, finden wir Rivalitäten, Neiderei und Eifersüchteleien in Hülle und Fülle; bei der Geschwisterrivalität, dem Geschwisterneid und der Geschwistereifersucht kann es um all das gehen, was auch zwischen anderen Menschen Rivalität, Neid und Eifersucht auslöst; es geht um Lei-

Abb. 31. Dem großen Bruder steht es zu, abends in den Fahrradclub zu gehen, während die jüngeren Geschwister zu Bett gehen müssen.

stungen, Fähigkeiten, Anerkennung und Zuwendung, gesellschaftliches Ansehen. Eine im Vergleich zu Rivalitäten, Neidereien und Eifersüchteleien zwischen anderen Personen besondere Bedeutung erhalten diese Geschehnisse hier durch die Enge ihrer Beziehung zueinander.

Wegen der *Enge der Beziehung* übertragen sich irgendwo bestehende Rivalitäten, Neidereien und Eifersüchteleien sehr leicht auf andere Bereiche (von sportlichen Erfolgen auf schulische Leistungen, Zuwendung und Anerkennung . . .). Dabei geht es unseren Kindern – ob sie noch klein sind oder schon groß – nicht zuletzt darum, innerhalb der Geschwisterschaft eine Rangordnung zu installiert und selbst möglichst den besten Rangplatz zu erreichen.

Wie sollen wir Erwachsenen nun mit den Rivalitäten, Neidereien und Eifersüchteleien unserer Kinder umgehen? Wie sollen wir Anerkennung und Zuwendung unter ihnen verteilen?

Oben haben wir bereits gesehen, daß Kinder ihre Rivalitäten, Neidereien und Eifersüchteleien als Vorbereitung auf den Ernst des Lebens brauchen, wir ihnen diese auch nicht nehmen sollten, es sei denn, es handelt sich um himmelschreiende Ungerechtigkeiten oder gefährliche Auseinandersetzungen. Wir sollten also keinesfalls den Fehler machen, unseren Kindern stets das Gleiche zukommen zu lassen. Die Hierarchiebildung ist ein natürliches Gesetz, womit auch gewisse Priviligien für das, z. B. dem Alter entsprechend, ranghöchste Kind in der Familie vorbestimmt sind; durch Gleichbehandlung würden ihm diese versagt (Abb. 31). Wir können sagen, daß unsere Kinder durch die Hierarchiebildung unter Geschwistern bestens auf all die Rangordnungen des Lebens vorbereitet werden, wenn sie lernen, um bessere Rangpositionen zu erkämpfen, erreichte Positionen zu akzeptieren sowie sich an damit verbundene Pflichten anzupassen, aber auch damit verbundene Rechte in Anspruch zu nehmen. Daher sollten wir im weiteren auch nicht den Fehler machen, Anerkennung zwischen all unseren Kindern immer gleich verteilen zu wollen. Anerkennen sollten wir das, was anerkennenswert ist, und nicht auf absolute Gleichbehandlung beharren. Günstig ist es, wenn mal das eine und mal das andere Kind die meiste Anerkennung erhält, wobei es jedoch wissen sollte, wofür es anerkannt wird. So kommt es zwar im Moment zu einer Ungleichbehandlung der Kinder, aber auf Dauer gleicht sich dies wieder aus.

Schwiegereltern und Schwiegerkinder

In dem Schwiegereltern-Schwiegerkinder-Verhältnis treffen wir besonders häufig auf Rivalitäten, Neidereien und Eifersüchteleien zwischen Schwiegermüttern und Schwiegertöchtern sowie zwischen Schwiegervätern und Schwiegersöhnen, also zwischen den gleichgeschlechtlichen angeheirateten Verwandten.

Neidereien, Rivalitäten und Eifersüchteleien von Schwiegereltern gegenüber Schwiegerkindern resultieren in der Hauptsache aus dem von ersteren *erlebten Verlust und dem Bestreben, erlittenen Verlust zu mindern;* da geht es unter anderem um den Verlust von Zuwendung, Aufmerksamkeit, erübrigter Zeit sowie von Kontrolle, über das, was das »verlorene Kind« tut. Bei den Schwiegerkindern sind diese Gefühle gegenüber den Schwiegereltern hingegen motiviert durch Verlustangst (wenn ich nicht so gut kochen kann wie die Schwiegermutter, geht er vielleicht zu seiner Mutter zurück; biete ich meiner Frau nicht das, was sie im Elternhaus geboten bekommen hat, verliere ich sie vielleicht wieder an ihre Eltern); auch hier geht es um Zuwendung, Aufmerksamkeit, Zeit und Einfluß auf den Partner.

Solche Eifersüchteleien, Neidereien und Rivalitäten können allen Beteiligten die Hölle auf Erden bereiten, und zwar nicht nur den Kampfhähnen, sondern auch den im Kampf relativ unbeteiligten Partnern der Schwiegertöchter und -söhne (»Hätte ich vorher gewußt, wie Dein Vater ist, hätte ich Dich nie geheiratet!«; »Wenn Deine Mutter in unserer Wohnung noch einmal nach Staub sucht, ziehe ich aus und Du kannst Dich wieder von ihr verhätscheln lassen!«) (Abb. 32), sowie den Partnern der Schwiegermütter und -väter (»Das ist typisch, nur Deine Tochter konnte sich einen solchen Mann aussuchen!«; »Hättest Du Deinen Sohn zu einem richtigen Mann gemacht, was ja nun mal Aufgabe des Vaters ist, hätte er sich nicht so eine Emanze zur Frau genommen!«)

Grundsätzlich sind Rivalitäten, Neidereien und Eifersüchteleien in der Schwiegereltern-Schwiegerkinder-Beziehung natürlich; auf beiden Seiten können diese emotionalen Regungen durchaus hilfreich und nützlich sein; sie können als Ansporn wirken zur Steigerung von Leistungsfähigkeit (z. B. beim Schwiegersohn, der das gesell-

Abb. 32. Da kommt es nicht nur vor, daß aus dem Munde von Schwiegermüttern so etwas zu hören ist wie: »Meine Schwiegertochter ist eine Schlampe! – Mein armer, armer Junge!«

schaftliche Ansehen des Schwiegervaters zu erreichen versucht) und persönlicher Weiterentwicklung, bei der Schwiegermutter, die der Schwiegertochter in ihren kommunikativen Fertigkeiten nacheifert. Ob sie den Beteiligten Nutzen bringen oder Schaden anrichten, ist auch hier abhängig davon, wie sie geäußert werden, welches Verhalten sie motivieren.

Familienoberhaupt – eine überflüssige Antiquität?

Das Familienoberhaupt ist zwar eine Antiquität, aber keine überflüssige. Manche von Ihnen kennen noch den Vater als Familienoberhaupt, als Inhaber der höchsten Rangposition innerhalb der Familie – den Vater also,

Abb. 33. Nicht nur die beste und reichhaltigste Mahlzeit zeichnet ein Familienoberhaupt aus.

der entscheidet und bestimmt, dem Respekt zu zollen ist, der bei Tisch vorbetet und das größte Stück Fleisch bekommt (Abb. 33), der die Auswahl des Fernsehprogramms bestimmt, der Strafen und Belobigungen verteilt, der Schwiegersöhne und -töchter aussucht oder dem potentielle Schwiegerkinder ihre Aufwartung zu machen haben.

Brauchen wir nun eigentlich ein Familienoberhaupt? Ja, denn wie soll eine Familie, auch wenn es nur eine moderne Kleinfamilie ist, mit all ihren Problemen ohne eine gewisse Rangordnung der Mitglieder durch das Leben kommen?

Den weitgehend auf unsere entfremdete und rollenaufgeteilte Berufswelt mit ihren vielfachen Konditionierungen des Mannes zum netten Kerl zurückzuführenden Verfall von Stärke beim männlichen Geschlecht hat nicht nur im Umgang mit unseren Kindern fatale Folgen, sondern im Zusammenspiel in der Partnerschaft. Wir finden heute in unseren Familien eine Schein- oder Pseudoautorität des Vaters, die selbst unsere Kinder schon als eine Schwäche entlarven; ebenso wie unsere Partnerinnen, aber dann in ihren kopfgesteuerten Diskussionen nur zu leicht Pseudoautorität mit Autorität.

Auch wenn das Familienoberhaupt nicht ganz so antiquarisch sein muß wie der eingangs beschriebene Familienvater, brauchen wir innerhalb unserer Familien eine Art Anführer, der, falls es notwendig ist, sagt, wo es lang geht, und zur Stelle ist, wenn sein Schutz, seine Hilfe und anderes gebraucht werden. Wird hier für einen Familienanführer plädiert, heißt das keineswegs, daß hier ein Familienvater propagiert werden soll, der ohne Rücksicht auf Verlust Meinungen, Wünsche und Bedürfnisse der Kinder und der Partnerin niederdrückt. Emotionale Klarsicht bei den Kindern und der Frau vorausgesetzt, würde sich ein solches Familienoberhaupt wohl kaum lange halten. Nehmen wir zudem noch an, daß auch das Oberhaupt der Familie über eine solche gefühlsmäßige Klarsicht verfügt, wird es mit an Sicherheit grenzender Wahrscheinlichkeit nicht zu einem Familientyrann werden; um das zu verhindern, besitzt auch das Familienoberhaupt in seinem emotionalen Netzwerk Widersacher ungezügelter Agressivität und Machtgier und anderer Formen dissozialen Verhalten – nämlich dem entgegenstehende Emotionen wie Angst vor Ablehnung, Scham, Schuldgefühle, Fürsorglichkeit, Zuneigung und Liebe.

Die lieben Nachbarn

Wenn wir Historikern Glauben schenken, war der nachbarschaftliche Kontakt seit jeher der tragende Pfeiler des sozialen Austauschs. Die Nachbarschaft muß per definitionem gesehen werden als die Struktur, die in den verstädterten Kulturen die *Nachfolge des Stammes* angetreten hat; in ihr waren die Familie und Teile der Verwandtschaft eingebettet. Heute sind unsere Nachbarn in städtischen noch mehr als in ländlichen Gebieten in aller Regel fremde Menschen, mit denen uns nichts verbindet, die wir wenn es hoch kommt, so grade noch mit Namen kennen.

Als eine Ursache der Zunahme von Depressionen in unseren hochzivilisierten Ländern muß die in diesen Gesellschaften gesteigerte Mobilität gelten, also der dauernde Wechsel der Nachbarschaft, des Arbeitsplatzes sowie der gewohnten materiellen Umgebung. Trotz Auto, Zug und Flugzeug ist die Beiläufigkeit und Innigkeit nachbarschaflicher sozialer Bindungen nur schwer zu erreichen. Den schwersten Schaden hat der nachbarschaftliche Kontakt erlitten durch den Wegfall jeglicher gegenseitiger Abhängigkeit und Dienstleistung bzw. Zusammenarbeit. Die festgefügte, gewachsene, integrierte und kooperative, aufs Technische ausgerichtete Jagdgemeinschaft als Feld des lebensnotwendigen männlichen sozialen Austauschs; die lockere soziale, emotionale, häusliche Gemeinschaft der Frauen, Mütter und Sammlerinnen sind Strukturen, die wir für unsere psychische Gesundheit auch heute brauchen, aber kaum noch finden. Leider nur zu oft enden unsere höchst selten unternommenen zaghaften Versuche einer Kontaktaufnahme zu Nachbarn mit Enttäuschungen und Entmutigungen, denn im Zuge unserer zunehmenden sozialen Isolation sind uns diverse Fertigkeiten abhanden gekommen, die wir für die Kontaktaufnahme zu Nachbarn brauchen. Erschwert wird es noch dadurch, daß wir in der Evolution nicht darauf vorbereitet wurden, zu Nachbarn Kontakt aufnehmen zu müssen. Dementsprechend ist bei uns ein *Gesellungsmotiv*, ein angelegtes Bedürfnis, soziale Beziehungen zu knüpfen, vergleichsweise rudimentär ausgebildet. Damit fehlt uns ein starkes, störungsunanfälliges Signalsystem, welches uns soziale Mangelzustände, Einsamkeit und Isolation anzeigt und Verhaltensaufforderungen zur Beseitigung solcher Mangelzustände in die Wege leitet. Also ein Flopp der Natur? Nein, denn zu allen Zeiten in der

Entwicklung der Menschheit waren Sozialkontakte sichergestellt; alleine zu sein, dieser Zustand trat einige Millionen Jahre fast nie ein und wurde meist ohne Zutun des einzelnen wieder behoben – der Mensch lebte, arbeitete und kämpfte immer in einer Gruppe. Wir haben also ein evolutionäres Manko in der Form eines unzureichend ausgebildeten Gesellungsbedürfnisses. Trotzdem können wir mit großer Sicherheit davon ausgehen, daß wir in nachbarschaftliche Kontakte dann deutlich besser hineingewachsen wären, wenn es die Mobilität in dem heute vorhandenen Ausmaß nicht gäbe.

Der *psychisch stabilisierende* Wert guter und reger nachbarschaftlicher Beziehungen ist nicht zu unterschätzen, und dennoch liegt in solchen – zumindest räumlich – engen Bindungen auch Zündstoff. Zu diesem Zündstoff gehören nun in einem nicht zu unterschätzendem Maße Neidereien, Rivalitäten und Eifersüchteleien. Auch wenn wir die Menschen neben uns und um uns herum selbst kaum sehen dank separater Eingänge, Gardinen und Rolläden an den Fenstern und hoher Hecken und Mauern gibt es Auslöser für solche Gefühle auch ohnedies in Hülle und Fülle: beispielsweise wenn wir »nur« Nachbars neues Auto, ihren ordentlichen Garten, ihr aufgemöbeltes Gartentor oder die vor ihrem Haus parkenden Autos ihrer Freunde zu Gesicht bekommen; uns zu Ohren kommt, daß die Müllers von nebenan schon wieder im Urlaub sind; die Kinder von gegenüber bessere Noten nach Hause bringen als die unserigen; wenn wir in der Ortspresse lesen, daß der am Ende der Straße wohnende Herr Schmidt in den Vorstand des Kleingärtnervereins gewählt wurde.

Pervertierte und exzessive Formen und Äußerungsformen von Rivalität, Neid sowie Eifersucht sind es, die unsere ohnehin schon hohe Schwelle für nachbarschaftliche Kontaktaufnahme noch weiter noch oben verschie-

Abb. 34. Selbst emanzipierte Frauen haben Angst, sich etwas zu vergeben, wenn sie um eine nachbarschaftliche Hilfe bitten.

ben oder im Falle des Bestehens nachbarschaftlicher Beziehungen einen wesentlichen Anteil an Abbrüchen derselben haben; so beispielsweise dann, wenn wir – um nicht erleben zu müssen, was sie uns voraus haben – es meiden, ihnen und ihrem Besitz zu nahe zu kommen, wir die beneideten Nachbarn oder das, was unseren Neid und Eifersucht auslöst, schlecht machen – um uns selbst größer zu fühlen – oder uns aus dem selben Grund beständig in maßlos überzogenen Prahlereien ergehen; Intrigen gegen den Rivalen spinnen; Nachbarn, die noch andere Freunde oder Bekannte haben, aus Eifersucht beständig auf der Pelle hängen oder uns beleidigt von ihnen zurückziehen.

Deutlich anders wirken sich diese Gefühle in ihren natürlichen Formen und Äußerungsfomen auf nachbarschaftliche Bindungen aus; sie können helfen, Anonymität, Abschottung, Kontaktsperren und -abbrüche zu überwinden. Notwendig ist dazu jedoch, daß wir unsere Rivalitäts-, Neid- und Eifersuchtsgefühle zulassen und ausdrücken, was sie uns anzeigen wahrnehmen und entsprechenden Verhaltensaufforderungen nachkommen. So können diese vitalen Emotionen nicht nur die Frequenz nachbarschaftlicher Kontake erhöhen, sondern auch deren Qualität von flüchtigen und oberflächlichen Geplänkeln über kameradschaftliche und freundschaftliche Beziehungen bis hin zu intimen Bindungen. Können wir unsere Rivalität, unseren Neid und unsere Eifersucht er- und ausleben, gelingt es uns mit Sicherheit leichter, den Nachbarn um etwas zu bitten, um das wir ihn beneiden; ihn zu fragen, wie er zu dem gekommen ist, um das wir ihn beneiden; ihn um Hilfe bitten, weil er etwas besser kann als wir selbst (Abb. 34). Leichter gelingt es uns dann auch, etwas auszuleihen, das wir den Nachbarn voraus haben, oder ihnen unsere Unterstützung anzubieten, zu beiderseitigem Nutzen mit ihnen zu kooperieren, statt in jeder passenden sowie unpassenden Gelegenheit hemmungslose Konkurrenzkämpfchen auszufechten; von ihm etwas anzunehmen, anstatt ständig Angst zu haben, sich selbst dabei etwas zu vergeben oder das später nachgesagt zu bekommen. All das sind Aufhänger für das Zustandekommen mit der Zeit enger werdender nachbarschaftlicher Beziehungen.

Noch in einer anderen Art und Weise sind Rivalität, Neid und Eifersucht durchaus förderlich für das Knüpfen und Festigen nachbarschaftlicher Kontakte, sofern diese Emotionen in ihren natürlichen Formen und Äußerungsformen vorkommen (Abb. 35). Sind wir neidisch, eifersüchtig und auf Rivalität aus, erfahren andere, hier unsere Nachbarn, etwas, daß ihr Selbstwertgefühl steigert; dies zumindest dann, wenn sie unsere Eifersucht, unseren Neid und Rivaliät für sich selbst nicht als bedrohlich

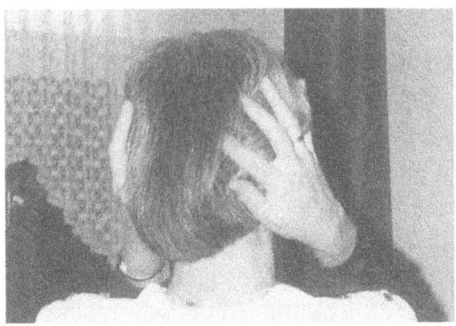

Abb. 35. Zu einem Kontakt kommt es bereits dadurch, daß wir die Nachbarin, die wir wegen ihrer tollen Frisur beneiden, fragen, zu welchem Friseur sie geht.

bewerten, weil sie tatsächlich oder scheinbar unsere Rache zu fürchten haben. Beispielsweise signalisiert natürlich ausgedrückter Neid so etwas wie Bewunderung des Beneideten; vitale Eifersucht so etwas wie Wertschätzung dessen, was uns verlorenzugehen droht; ebenso wie natürlich Rivalität nicht zuletzt Wertschätzung des Kontrahenten beinhaltet. Wie wohl jeder von uns weiß, fördert ein gegenseitiges Vermitteln von Bewunderung für und Wertschaätzung des anderen sowohl das Zustandekommen als auch die Aufrechterhaltung von Beziehungen, so auch unsere nachbarschaftlichen Bindungen.

Im nachbarschaftlichen Kontext haben bei uns ausgelöste Rivalitäten, Neidereien und Eifersüchteleien noch eine weitere positive Funktion für uns selbst. Wie wir im Rahmen der Betrachtung der Wirkungen von Werbung und Medien auf unsere Gefühle bereits gesehen haben, kann uns das, was wir wo anders sehen, helfen, eigene Ziele zu entwickeln (wie z. B.: die Frau von gegenüber bekommt andauernd Besuch, ich muß auch mal darüber nachdenken, wie ich meinen Bekanntenkreis erweitern könnte; meine Kinder fahren lieber mit der Nachbarin und ihren Kindern zum Minigolf, ich sollte mir etwas einfallen lassen, daß es ihnen auch mit mir Spaß macht); dabei ist der springende Punkt auch hier der, daß wir für uns realistische Ziele generieren müssen. Anhaltspunkte für das Entwickeln eigener Ziele können wir auch bei unseren Nachbarn und in unserer Beziehung zu ihnen finden. Wie Eltern und all unseren anderen Verwandten und Freunde können auch Nachbarn als Modelle dienen. Vielfach sind unsere Nachbarn Menschen, die in ähnlichen sozialen Bezugsrahmen leben wie wir selbst (vergleichbare Sozialschicht, ähnliche Einkommensverhältnisse, vergleichbares gesellschaftliches Ansehen, oft vergleichbares Alter). Aufgrund der Ähnlichkeit der sozialen Bezugsrahmen, in denen wir und unsere Nachbarn leben, liegen unsere und ihre Ziele häufig ziemlich nah beieinander. Eine solche relative Ähnlichkeit dessen, was unsere Nachbarn uns und wir ihnen vorleben, sowie dessen, was für sie und uns möglich ist, ist deshalb vorteilhaft für uns, weil wir uns daher an unseren Nachbarn orientieren können ohne weitgehende Anpassungen eigener Ziele vornehmen zu müssen. Schwieriger ist ist die Sache dann für uns, wenn wir unter Menschen leben, deren Bezugsrahmen und Möglichkeiten (z. B. materieller und persönlicher Art) von den unserigen hochgradig verschieden sind, wenn wir als selbständiger Handwerker mit einem kleinen Betrieb in einem Bungalow inmitten eines Villenviertels leben, in dem Topmanager und Geschäftführer beheimatet sind; wir als Bankdirektor in gesetztem Alter mit unserer vierköpfigen Familie unter lauter Studenten leben. Orientieren wir uns an Nachbarn, die aufgrund ihrer Möglichkeiten deutlich mehr erreichen können als wir selbst, ist das ebenso ungünstig für uns wie der Fall, in dem wir uns an Nachbarn orientieren, denen wir aufgrund unserer eigenen Möglichkeiten deutlich überlegen sind. Sind andere uns in dem, was sie erreicht haben und erreichen können, weit voraus, besteht die Gefahr, daß wir selbst des öfteren frustriert und enttäuscht und bis wir schließlich entmutigt sind und resignieren. Im zweiten Fall, in dem wir anderen zu weit voraus sind, erhalten wir durch das, was uns die Nachbarn vorleben, keine Ziele, die uns anspornen. Ist die Diskrepanz zwischen den Nachbarn und uns groß, ist es aufwendiger für uns, aus dem, was wir bei anderen erleben, für uns selbst realistische Ziele zu entwickeln. Gelingt das Generieren realistischer Ziele nicht, wird es in beiden Fällen nicht zu dem kommen, was vitale Rivalitäts-, Neid- und Eifersuchtsgefühle bei vorhandenen Zielen unter anderem für uns Nützliches hervorzubringen vermögen – nämlich Steigerung unserer Leistungsfähigkeit, Optimierung unserer Lebensbedingungen, persönliche Weiterentwicklung sowie Ausweitung unserer Lebens- und Selbstzufriedenheit. Damit wir nicht zuletzt mit Hilfe unserer Gefühle zu diesem gelangen, ist es günstig, wenn wir unter Nachbarn leben, denen wir und die uns in diesem und jenem zeitweise einen Schritt voraus sind, sozusagen ein Wipp-Verhältnis besteht, in dem wir ihnen und sie auf uns bezogen dieses und jenes jeweils eine Zeit voraus sind. Innerhalb eines derartigen Wipp-Verhältnisses werden wir durch das Zustandekommen von Auslösern für Rivalität, Neid und Eifersucht angespornt, zugleich erfahren wir aber auch Bestätigung dadurch, wenn wir das Angestrebte erreichen, Mangelerlebnisse beseitigen oder drohenden Verlusten vorbeugen konnten; ein Wechselspiel brauchen wir nicht zuletzt für die Aufrechterhaltung unseres psychischen Gleichgewichts, sondern ist lebensnotwendig. Zu einem solchen Wipp-Verhältnis kommt es am ehesten dann, wenn von beiden Seiten Erreichtes und Angestrebtes, sowie dafür zur Verfügung stehende materielle, persönliche und andere Ressourcen relativ ähnlich sind.

Beruf und Arbeitsplatz: Spielwiese der Gefühle

Beruf und Arbeitsplatz ist zunächst einmal deshalb Spielwiese für Rivalität, Neid und Eifersucht, weil sie die Lebensbereiche sind, in denen wohl für die meisten von uns außer in der Familie, der Partnerschaft und dem Freundeskreis tabuisierte Rivalitäts- und Neidgefühle am ehesten offenkundig sind und zugleich am ehesten erlaubt, ja sogar gefordert zu sein scheinen; daß Rivalität und Neid, aber auch Eifersucht in diesen Lebensbereichen allenthalben vorhanden und daraus auch bei bestem Willen kaum wegzudenken sind. Dabei geht es nicht nur um berufliche Belange; alles mögliche, was diese Emotionen auslösen kann, wird in den Beruf und damit an den Arbeitsplatz herangetragen. Schon auf der Fahrt zur Arbeit geht es los: in der S-Bahn treffen wir auf die Kollegin aus dem Schreibzimmer, die schon wieder eine neue Frisur hat; beim Gang über den Firmenparkplatz springt uns ein nagelneues Wohnmobil ins Auge, aus dem Herr Müller aus der Buchhaltung aussteigt; im Eingang überfällt uns freudestrahlend der gerade aus dem Urlaub zurückgekehrte Herr Maier aus dem Nachbarbüro, der uns von seiner Kreuzfahrt erzählt; kommen wir dann endlich an unserem Arbeitsplatz an, eilt auch schon der Abteilungsleiter herbei, dessen Posten wir ja nun auch gerne gehabt hätten, und teilt uns mit, daß wir einen neuen Kollegen bekommen, der über eine hervorragende Qualifikation verfügt, was Eifersucht in uns aufkommen läßt; in der Frühstückspause dann am Kaffeeautomaten steht der ja eigentlich ganz nette Otto, der mit seiner neuen Luxusstereoanlage protzt (und das, wo wir selbst gerade stolz waren auf unsere Anlage aus dem Sonderangebot); ziehen wir uns dann auf das Örtchen zurück, steht da doch dieser Chauvi aus dem Versand, der auf dem Betriebsfest am vergangenen Wochenende fast den ganzen Abend unsere Gattin in Beschlag genommen hat; auf dem Weg zurück zu unserem Arbeitsplatz geraten wir dann in einen Pulk von Schreibdamen, die sich gerade an ihrem neu ausgestatteten Büro ergötzen, was uns mal wieder daran erinnert, daß wir seit Monaten auf unseren neuen Schreibtisch warten; dann in der Mittagspause treffen wir auf unseren Hausmeister, der gerade eine Lohnerhöhung bekommen hat; dann kommt da auch noch der oberste Chef, der unseren Kollegen von nebenan schon wieder freundlicher begrüßt als uns selbst – und so geht es dann weiter, bis wir nach Feierabend endlich wieder unsere heimischen vier Wände erreicht haben, wo wir dann hoffen können, daß uns niemand aus dem Betrieb anruft, der uns mal wieder von seinen ach so gut geratenen Kindern, seiner neuen Flamme oder von anderem erzählen will, was Rivalitäts-, Neid- und Eifersuchtsgefühle in uns hochkommen läßt.

Ihren Anfang nimmt die Sache bereits während der Schul-, Universitäts- und Berufsausbildung; überall werden optimale Leistungen gefordert – wir müssen die Besten sein, wenn das schon nicht, dann aber zumindest zu den Besten gehören. Dieses Prinzip gilt noch verstärkt dann, wenn das, worauf wir uns vorbereiten – nämlich Arbeitsplätze, insbesondere attraktive mit guter Bezahlung, angenehmen Arbeitsbedingungen, Eigenverantwortlichkeit, Macht usw. knapp sind. Haben wir unsere Ausbildung abgeschlossen, stürzen wir uns ins Bewerbungsgerangel, mit dem bei den meisten von uns der Ernst der beruflichen Rivalität beginnt. Um Mitbewerber auszustechen, entwickeln wir uns im Laufe der Zeit zu wahren Bewerbungsformulierungs- und Selbstdarstellungskünstlern; gelingt uns dies nicht, bleiben wir auf der Strecke und müssen uns mit dem zufriedengeben, was für uns übrig bleibt, mit dem gemessen an unserer Ausbildung sowie unseren beruflichen Kompetenzen niederrangigeren oder unattraktiveren Arbeitsplatz oder, wenn's dann ganz hart kommt, auch mit gar keinem. Damit uns besonders letzteres nicht trifft, kämpfen wir zwischenzeitlich noch um ebenfalls in beschränkter Zahl vorhandene Plätze in Fort- und Weiterbildungen, in Volkshochschulkursen. Zertifikate über Zertifikate schaffen wir heran, und haben wir dann einen Arbeitsplatz ergattert, hört der Kampf noch lange nicht auf; vielmehr geht es so weiter bis zum wohlverdienten Ruhestand. Und selbst dort kommen diese Gefühle vor, denn schließlich sind da ja noch die Kollegen, die eine höhere Rente haben, mit ihrer Freizeit mehr anfangen können, trotz ihres ebenfalls fortgeschrittenen Alters gesünder sind, oder auf diejenigen, die noch im Beruf stehen und jetzt unsere Posten einnehmen.

In einem Arbeitsverhältnis stehend müssen wir immer die pünktlichsten, zuverlässigsten, höflichsten, arbeitsamsten, ehrgeizigsten und effektivsten Mitarbeiter sein, die besten Resultate vorweisen; die meisten Überstunden haben, viele und möglichst spezielle sowie aufwendige Fort- und Weiterbildungen absolvieren, über das differenzierteste Fachwissen verfügen und zugleich das breitgefächertste Allgemeinwissen draufhaben. Haben wir es erreicht, was wir wollten, geben wir peinlichst genau darauf acht, daß wir das Erreichte bzw. die damit verbundene Position nicht an andere und schon gar nicht an neue, jüngere oder rangniedere Kollegen verlieren.

Führen wir nun diesen Kampf, sind wir zwar mit ziemlicher Wahrscheinlichkeit bei Ausbildern und Vorgesetzten gut angesehen, geraten aber deshalb in einen Konflikt, weil wir im Kreis der Auszubildenden und später im Kreis der Kollegen zu Aussenseitern werden können, weil wir bei ihnen als Streber oder Schleimer verschrien sind oder als unkooperativ gelten.

Abb. 36. »Der neue Kollege hat abends immer leere Ablagen – also arbeitet er schneller und wird deshalb auch bestimmt eher als ich befördert!«

Meinen wir nun, daß wir den Rivalitäten, Neidereien und Eifersüchteleien in diesem Lebensbereich aus dem Wege gehen können, indem wir uns selbständig machen, unser eigener Chef werden, dann ist das ein Trugschluß. Auch als Selbständige, ob als Handwerker, Makler, Arzt, Anwalt, oder Geschäftsinhaber sind wir beständig mit diversen Auslösern von Rivalität, Neid und Eifersucht konfrontiert. Zwar gelangen wir so in innerbetrieblichen Hierarchien von einer Untergebenen- in eine Führerposition, jedoch beseitigen wir dadurch keineswegs im beruflichen Bereich aufkommende Rivalitäts-, Neid- und Eifersuchtsgefühle. Solche emotionalen Regungen verlagern wir teilweise aus dem Betrieb nach außen, in das Nebeneinander mit anderen Betrieben und auch anderen Berufssparten. Da geht es um den Kampf um die größten Marktanteile, die besten Beziehungen zu allen möglichen wichtigen Personen in Stadt und Land, die meisten Klienten, Patienten, Mandanten und Kunden aller Art, das höchste Image des eigenen Betriebs, die beste räumliche Lage und Austattung, die anziehendsten Werbecampangnen und Anzeigengrößen.

Dreierlei Formen des Neids sind am Arbeitsplatz von besonderer Bedeutung und uns allen aus vielfältiger, ja manchmal wohl auch leidvoller Erfahrung bestens vertraut: der *Kollegenneid,* der ausgelöst wird, wenn uns Kollegen, bezogen auf was auch immer (ob es nun mit der Arbeit oder dem Privatleben zu tun hat) eine Nasenlänge voraus sind; der *Vorgesetztenneid* bei dem wir Führungsfiguren um ihre Macht, das höhere Gehalt, ihre Sozialschichtzugehörigkeit, ihr innerbetriebliches und gesellschaftliches Ansehen, ihren tatsächlich oder scheinbar größeren Handlungsspielraum, das größere Büro, den Dienstwagen und vieles andere beneiden; und dem *Berufsgruppenneid,* der zwischen Angehörigen verschiedener Berufsgruppen wie z. B. Psychologen und Ärzten oder Staatsdienern und Angestellten in der freien Wirtschaft entsteht, wenn die eine Berufsgruppe in dem einen Mangel verspürt, in dem ihr die andere Berufsgruppe voraus ist. Auch hier geht es wieder um bessere Verdienstmöglichkeiten, Arbeitsplatzsicherheit, gesellschaftlicher Status, Arbeitsbedingungen, Aufstiegsmöglichkeiten und Handlungsspielraum.

Sind sie aber nun gut oder schlecht für uns, die Rivalitäts-, Neid und Eifersuchtsgefühle im Beruf und am Arbeitsplatz? Hier gilt das Gleiche wie in den anderen Lebensbereichen: Wir brauchen im Beruf und am Arbeitsplatz diese Gefühle, aber auch hier in einem gesunden Mittelmaß.

Konkurrenz belebt das Geschäft! Dieser bekannte Spruch spiegelt wider, warum wir diese natürlichen Gefühle brauchen. In natürlicher Form motivieren und fördern Rivalität, Neid sowie Eifersucht innerhalb von Betrieben sowie zwischen verschiedenen Betrieben in lauterem Wettbewerb, wirtschaftliches Wachstum und eine Steigerung der Leistungsmotivation sowie die Leistungsfähigkeit des einzelnen Mitarbeiters (Abb. 36). Auch den mehr oder weniger offensichtlichen innerbetrieblichen Hierarchien müssen wir eine positive Funktion zusprechen. Solche Rangordnungen tragen dazu bei, im Betrieb eine sinnvolle Verteilung von Rechten und Pflichten herzustellen, was nicht zuletzt eine den persönlichen und berufsspezifischen Kompetenzen der einzelnen Mitarbeiter entsprechende Organisation des Arbeitsprozesses ermöglicht.

Pervertierte oder exzessive Formen und Äußerungsformen dieser vitalen Emotionen bringen dagegen Gegenteiliges hervor: Resignation des sich andauernd und in allen Belangen benachteiligt Fühlenden, Intrigen und Sabotage, Spionage und Bespitzelungen, den von Hinterlistigkeiten bis hin zur Kriminalität reichenden Einsatz diverser unlauterer Wettbewerbsmethoden – und vieles andere, das wenigstens auf lange Sicht dem Betrieb ebenso wie dem einzelnen mehr schadet als Nutzen bringt: Wer kann schon optimale Leistungen erbringen, wenn er sich ständig darauf konzentriert, wie dem beneideten Kollegen wohl eins auszuwischen ist? Wie steht der Betrieb in der Öffentlichkeit dar, in dem Mitarbeiter ausgebeutet oder Sicherheitsvorschriften aus Kostengründen vernachlässigt werden?

7 Angst, Scham und Schuldgefühle – die wichtigsten natürlichen Widersacher

Angst – besonders die Angst vor Rivalität, Neid und Eifersucht sowie vor Ablehnung – Scham und Schuldgefühle sind in unserem emotionalen Netzwerk unter anderem Antagonisten oder Kontrolleure der Rivalität, des Neids und der Eifersucht. Zwischen beiden Seiten besteht, wie wir oben gesehen haben, eine labile Balance, die allerdings durch eine zu starke oder zu schwache Ausprägung der einen oder anderen Seite gestört sein oder gar zusammenbrechen kann; dabei schlägt sich letzteres nieder in psychopatholoischen Störungen und anderen Gesundheitsproblemen ebenso wie in Verhaltensauffälligkeiten und Störungen des Sozialverhaltens und gestörten sozialen Beziehungen.

Hier widmen wir uns der Seite der Angst, Scham und Schuldgefühle. Dabei sehen wir uns an, was wir uns unter diesen Wiedersachern vorzustellen haben, wo sie uns helfen, wann sie zu Störenfrieden werden, weil sie überdosiert sind.

Angst – ein Zustand, den jeder kennt

Angst ist einesteils angeboren, andernteils erworben oder erlernt. In die Wiege gelegt ist uns auch hier eine Disposition, in bestimmten Situationen mit mehr oder weniger Angst zu reagieren. Diese Disposition wird im Laufe unserer Sozialisation durch Lernvorgänge wie klassisches und operantes Konditionieren sowie Lernen am Modell modifiziert.

In der Literatur treffen wir auf eine Fülle von Vorschlägen zur Definition und Beschreibung dessen, was Angst ist, sowie auf Versuche, Unterschiede zu finden, beispielsweise zwischen Angst und Furcht oder Angst und Ängstlichkeit. Hier genügt es, davon auszugehen, daß Angst der Zustand ist, den jeder von uns Angst nennt. Einig sein sollten wir uns lediglich darüber, daß es sich dabei um den Zustand handelt,

- der zustandekommt, wenn wir eine Gefahr wahrnehmen, die wir durch Flucht zwar manchmal, aber längst nicht immer beseitigen können: z. B. von der Familienfeier weglaufen, um die von uns beneideten glücklich verheirateten Geschwister nicht sehen zu müssen;
- in dem es zu einem unangenehmen Erregungsanstieg kommt mit Schwitzen, Hitze- und Kältewallungen, vermehrtem Harndrang, Übelkeit, Zittern und so manch anderen körperlichen Veränderungen sowie Reaktionen;
- dem wir durch Vermeidungsverhalten manchmal aus dem Wege gehen können: z. B. lieber die Freundin mit der schicken neuen Polstergarnitur erst gar nicht besuchen, damit wir nicht neidisch werden; die Gattin nicht zum Vereinsfest mitnehmen, damit wir nicht eifersüchtig werden, weil sie mit einem anderen flirten könnte;

in den wir auch geraten, wenn wir an eine möglicherweise irgendwann einmal eintretende Bedrohung denken, z. B. an unseren Neid, wenn eine jüngere Kollegin schneller die Karriereleiter raufklettert als wir selbst; an unsere Eifersucht, wenn die Busenfreundin weniger Zeit für uns hat, weil sie ein Kind bekommt.

Wozu brauchen wir aber nun unsere Angst? Zuerst einmal die Angst, die unserer Lust am Leben und unserem Überleben dienlich ist:

- die uns auf Gefahren aufmerksam macht;
- die unser Bewältigungsverhalten in Gang setzt;
- die das Erlernen neuen Bewältigungsverhaltens motiviert;
- die für das Erkennen und Bewältigen von Gefahren notwendige Energien zur Verfügung stellt.

Trotz dieser positiven Funktionen der Angst können wir auch unter diesem prinzipiell so nützlichen Gefühl leiden. Die hier wichtigen Ängste – vor Ablehnung und vor Gefühlen – sind heute in unserer Gesellschaft schon chronisch zu stark. Allenthalben befürchten wir, soziale Ablehnung zu erfahren; das nicht nur, aber auch deshalb, weil wir unsere Gefühle – insbesondere tabuisierte wie Rivalität, Neid und Eifersucht – erleben oder gar zeigen. Wir können sagen, daß wir eine ziemlich niedrige Angstschwelle haben. Diese Angstschwelle können wir dadurch erhöhen, daß wir uns Angstmachern wieder vermehrt stellen; so mindern wir zugleich unsere zu starken Ängste. Erhöhen wir unsere Angstschwelle und mindern unsere Ängste, bedeutet das keineswegs, daß wir nun plötzlich leichtsinnig werden, Gefahren oder Bedrohungen nicht mehr erkennen und uns so in unser

Verderben begeben. Angst haben wir noch immer, aber eben nicht in einem übertriebenen Maß oder unangebracht häufig.

Rivalität, Neid und Eifersucht als Angstmacher

Angst haben wir nicht nur vor der Rivalität, dem Neid und der Eifersucht, die wir bei anderen erleben. Auch unsere eigenen Rivalitäts-, Neid- und Eifersuchtsgefühle ängstigen uns; und genau um diese Angst geht es hier.

Angst vor unserer eigenen Rivalität, unserem eigenen Neid und unserer eigenen Eifersucht zu haben, scheint einfach zu sein. Aber wie so oft trügt auch hier der Schein. Sehen wir uns diese Angst näher an, stellen wir fest, daß es da vielerlei Angstmacher gibt.

Ängstigend ist für uns das Erleben von Rivalität, Neid und Eifersucht – und zwar beispielsweise deshalb, weil wir fürchten:

- daß die mit diesen Gefühlen verbundenen körperlichen Reaktionen unserer Gesundheit schaden, wir dadurch krank werden;
- uns in diese Gefühle hineinzusteigern, von ihnen übermannt zu werden;
- uns schreckliche Gedanken quälen, einem anderen oder uns selbst Schaden zufügen zu können oder zu wollen;
- an nichts anderes mehr denken zu können;
- dadurch gestört oder gar blockiert zu sein beim Erledigen anderer Angelegenheiten, in wichtigen Gesprächen, schwierigen beruflichen Aufgaben und dadurch Nachteile zu haben wie z. B. vom Chef

schief angesehen zu werden, einen Verweis oder gar eine Kündigung zu erhalten; Krach mit dem Ehepartner zu bekommen, dem wir nicht aufmerksam zuhören.

Keineswegs ist es aber nur das, vor dem wir Angst haben. Schließlich ist da auch noch die Sache mit dem Ausdrücken und Ausleben dieser Emotionen. Auch das macht uns Angst; und dies gilt noch nicht einmal nur für solche Situationen, in denen wir mit anderen zusammen sind, sondern auch für Situationen, in denen wir alleine sind. Zeigen wir nämlich unsere Rivalität, unseren Neid und unsere Eifersucht, befürchten wir diverse negative Konsequenzen, so beispielsweise, daß wir:

- die Kontrolle über die Situation, uns selbst und unser Verhalten verlieren: z. B. Gewalt anwenden, anderen und uns selbst Schaden zufügen, verrückt werden;
- anderen zur Last fallen;
- von anderen abgelehnt werden, weil wir als kindisch, schwächlich, rücksichtslos, egoistisch oder irgendwie anders negativ eingeschätzt werden, gegen irgendwelche Verhaltensregeln verstoßen, Regeln, die uns sagen, wie wir gefälligst zu sein haben, was wir tun, aber auch, was wir unterlassen sollten;
- wegen der Ablehnung durch andere auf alle möglichen Vorteile verzichten müssen, die wir hätten, würden uns die anderen mögen: z.B. wir werden seltener eingeladen und besucht, erhalten weniger Grußkarten, müssen auf die Unterstützung durch andere verzichten, kommen nicht zu einem Pöstchen im Verein oder einer neuen Wohnung;
- wegen unkontrollierten Verhaltens nicht mit Ablehnung, sondern auf andere Art bestraft werden: z. B.

Geld- und Gefängnisstrafe, Einweisung in ein psychiatrisches Krankenhaus;
- deshalb genau das nicht zu bekommen, daß wir erreichen wollen, oder eben das zu verlieren, was wir ja nun mal nicht verlieren wollten: z. B. den Partner, dem wir mit unseren Forderungen nach Treueschwüren und Liebesbeweisen auf den Wekker fallen; die von unserem eifersüchtiges Gehabe genervte Freundin;
- anschließend Angst vor Ablehnung, Scham und Schuldgefühle erleben zu müssen oder gar von ihnen übermannt zu werden.

Das sind nur einige Beispiele für das, was unsere Angst vor unseren eigenen, ja unseren ureigenen Rivalitäts-, Neid- und Eifersuchtgefühlen in sich birgt.

Scham und Schuldgefühle

Auf den ersten Blick sind Scham und Schuldgefühle zwei einander ähnliche Regungen. Genau so ist es auch tatsächlich, dennoch unterscheiden sie sich. Scham ist emotionaler, instinktiver, einfacher strukturiert und leichter auszulösen, als das eher kopfgesteuerte Schuldgefühl. Letzteres orientiert sich mehr als die Scham an Normen, Sitten, Regeln und Gebräuchen. Wir können demnach sagen: *Scham ist die emotionale Mutter des kognitiven Schuldbewußtseins.* Dem folgend sollten wir genau genommen nicht von Schuldgefühl sprechen; richtiger ist es, diese mehr kopfgesteuerte Regung als Schuldreaktion, Schuldbewußtsein, Schuldgedanken oder Schuldgrübeleien zu bezeichnen. Weil sich der Terminus Schuldgefühl aber nun mal so eingebürgert hat, wird er auch in diesem Buch weiterhin verwendet.

Die Scham stellt in unserem emotionalen Gefüge unter anderem einen Gegenspieler dar von exhibitionistischen Tendenzen, aggressivem Durchsetzungsverhalten und dem ungestümen Drang in neue soziale Räume. Zwischen solchen Strebungen und dem Scham- sowie Schuldempfinden besteht eine labile Balance. Ist diese gestört, obsiegt auf der einen Seite sozio- bzw. psychopathische Niedertracht, Gewissenlosigkeit, Infamie, Intriganz und Gemeinheit, auf der anderen Seite im wahrsten Sinne des Wortes deprimierende Scham- und Schuldlast. Nun ist aber auch noch eine elende Mischung denkbar und sehr oft anzutreffen: im intimen Umgang mit den vertrauten Mitgliedern einer begrenzten sozialen Gruppe eine Aggressionshemmung, die uns unter anderem zu einem oftmals überzogenen Harmonie- und Gleichheitsgetue und einem Negieren von Rivalitäten, Neidereien und Eifersüchteleien veranlaßt, gepaart in einer unheiligen Allianz mit blinder Scham- und Rücksichtslosigkeit gegenüber Personen, die außerhalb dieser Gruppe stehen. In diesem Fall scheinen viele der natürlichen Aggressionshemmungen ausgeschaltet zu sein, und es wirkt nur noch das kulturell überformte Schuldbewußtsein.

Die Angst vor Ablehnung und anderweitigen Bestrafungen ist der Motor des Scham- und Schulderlebens. So kommt es zum Scham- und Schulderleben dann, wenn wir in einem moralischen, ethischen oder religiösen Kontext Gebote und Verbote verletzen. Durch unser Scham- und Schuldempfinden werden wir auf solche Verstöße aufmerksam und angetrieben, etwas zu tun, um drohender Ablehnung oder anderweitigen Bestrafungen vorzubeugen. Scham- und Schuldgefühle drängen nach Ausdruck, nach Entlastung durch die Resonanz unserer sozialen Umwelt. Nun können sich diese emotionalen Regungen in vielfätigen Formen ausdrücken (Abb. 37): den Kopf senken, den Blick abwenden, die Augen nieder-

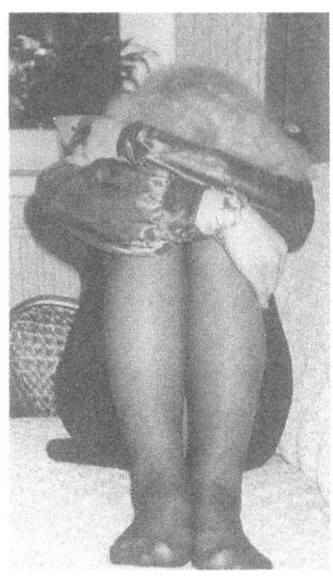

Abb. 37. Gesicht verhüllen.

schlagen oder mit den Händen verdecken, sich abwenden, weglaufen oder verstecken, verlegen grinsen oder kichern, in Sühne- und Reueritualen, in Versöhnungsritualen wie Entschuldigungen, Handreichungen, in Versöhnungsformeln, in Neck- und Schäkergesten sowie im Geschenkemachen. Allgemein wollen Scham- und Schuldempfinden über unterwürfiges, niedliches, putziges, scheues, mitleiderregendes und reumütiges Verhalten der befürchteten Ablehnung entgegenwirken. Nun gibt es aber auch übertriebene Scham- und Schuldreaktionen, die uns mehr beeinträchtigen, als sie uns nützen; dies geht von unendlichen Selbstvorwürfen bis hin zum Selbstmord.

Die positiven Funktionen des Scham- und Schuldempfindens sind für das Funktionieren unseres Zusammenlebens mit anderen unerläßlich. Durch unnötig häufig ausgelöste Schamreaktionen wird jedoch das Wohlbefinden (bis hin zu psychopathologischen Störungen wie

Depressionen und anderen Gesundheitsproblemen) beeinträchtigt und schränken das Verhalten ein.

Wir schämen uns oft, ja sogar viel zu oft. Das bedeutet, daß wir eine niedrige *Schamschwelle* haben. Bei kleinen Kindern können wir beobachten, daß sich die Schamschwelle in verschiedenen Verhaltensbereichen sehr leicht verschiebt – und zwar ohne von außen erkennbaren Anlaß, ohne indirekten oder offensichtlichen Einfluß der Eltern. Bei ihnen sind verschiedene Verhaltensweisen von Schuld- und Schamgefühlen begleitet. Solche Schamreaktionen haben genetische Wurzeln, werden aber im Sozialisationsprozeß auch deutlich von der Umwelt verstärkt. Im Erwachsenenalter schränkt die unnatürlich niedrige Schamschwelle unter anderem Rivalitäts-, Neid- und Eifersuchtsreaktionen ein; wir schämen uns, wenn jemand merkt, daß wir auf Konkurrenz aus sind, wir neidisch sind auf den, der keine finanziellen Sorgen hat, wir Eifersucht spüren, wenn sich die beste Freundin mehr um andere als um uns selbst bemüht. Damit wir uns nicht schämen müssen und nicht von Schuldgefühlen geplagt werden, unterdrücken wir unseren Neid, unsere Rivalität und Eifersucht. Das hat aber zur Folge, daß sich unsere Angst vor Ablehnung noch verstärkt und unsere niedrige Schamschwelle weiter sinkt.

Wollen wir unsere Gefühle wieder er- und ausleben, so müssen wir unsere Schamschwelle erhöhen. Dies geht, indem wir das tun, bei dem wir uns schämen; eben doch mal eine Eifersuchtszene veranstalten, unseren Neid kundtun; um das kämpfen, was uns am Herzen liegt. Das erscheint gefährlich; in Wirklichkeit ist es das aber nicht, denn unsere genetische Schamreaktion schützt uns davor, keine unmöglichen Grenzen zu überschreiten.

Überlebensretter

Überlebensretter, die uns helfen, zu überleben und unsere Lust am Leben zu steigern, können die emotionalen Regungen sein, die wir Angst vor Ablehnung, Angst vor Rivalität, Neid und Eifersucht, Scham- und Schuldgefühle nennen. Warum sind diese Widersacher von Rivalitäts-, Neid- und Eifersuchtsgefühlen so wichtig und wie helfen sie uns?

Der Mensch ist immer ein soziales Lebewesen, d. h. ein Herdentier, gewesen. Trotz der seit der Industrialisierung zunehmenden sozialen Isolation in der Anonymität von Städten, Mietskasernen und Fabriken und Kleinfamilien sowie neuerdings im Singledasein ist und bleibt der Homo sapiens ein Lebewesen, das Gemeinschaft braucht, in der es von anderen Aufmerksamkeit, Zuwendung, Bestätigung und nicht nur das bekommt. Wie wichtig die soziale Gemeinschaft für uns ist, das sehen wir beispielsweise daran, daß Einsamkeit uns krank macht, wobei Depressionen und psychosomatische Beschwerden nur die Spitze des Eisbergs der durch Einsamkeit zumindest in hohem Maße begünstigten Erkrankungen sind. Auch die Mittel, die wir einsetzen, um Aufmerksamkeit oder Zuwendung innerhalb sozialer Beziehungen zu bekommen, zeigen deutlich, wie wichtig solche Beziehungen für uns sind; das kann sogar soweit gehen, daß wir etwas tun, für das wir bestraft werden.

Wichtig ist es für uns, von unseren Mitmenschen anerkannt und akzeptiert zu werden. Ebenso bedeutsam ist für uns, daß wir uns selbst mögen, uns selbst akzeptieren. All das brauchen wir nicht nur, um uns wohl zu fühlen, sondern um handlungsfähig zu sein. Und genau das ist der Nutzen unserer Angst vor Ablehnung, die Scham- und Schuldgefühle motiviert und als einer der Motoren unserer Angst vor Rivalität, Neid und Eifersucht gelten muß. Als Überlebensretter veranlaßt uns die Angst vor Ablehnung dazu, uns so zu verhalten, daß wir in die Menschenhorde hineinpassen, wir in der sozialen Gemeinschaft nicht versagen und von selbiger nicht abgelehnt oder ausgestoßen werden. Sind wir als Mitglied der Herde anerkannt, mögen wir uns auch selbst und trauen uns etwas zu.

Als Überlebensretter veranlassen uns die Widersacher von Rivalität-, Neid- und Eifersuchtsgefühlen unter anderem dazu, nicht zu besitz- und machtgierig zu sein, Rücksicht zu nehmen, uns im Wettbewerb mit anderen keiner unerlaubten Mittel zu bedienen, nicht ohne Grund eifersüchtig zu sein, nicht das zu zerstören, um das wir andere beneiden; etwas wieder gut zu machen, wenn wir im Kampf zu weit gegangen sind, Reue zu zeigen, wenn wir unseren Konkurrenzkampf mit unlauteren Mitteln geführt haben, uns zu entschuldigen, wenn wir den Partner zu Unrecht einer sexuellen Verfehlung verdächtigt haben, in Situationen in denen anderes wichtiger ist als Rivalität, Neid oder Eifersucht uns auf die Hauptsache zu konzentrieren, unseren Neid, unsere Rivalität und unsere Eifersucht für uns zu behalten, wenn es für uns nachteilhaft ist, sie zu zeigen.

Scham- und Schuldgefühle, Angst vor Ablehnung sowie Angst vor unserer Rivalität, unserem Neid und unserer Eifersucht bewahren uns davor, daß wir selbst oder andere durch das Er- und Ausleben von Rivalität, Neid und Eifersucht unnötige Nachteile in Kauf nehmen und Schaden (welcher Art auch immer) erleiden müssen.

Störenfriede – Des Guten zuviel

Scham- und Schuldgefühle sowie die Angst vor Ablehnung und vor unserer eigenen Rivalität, unserem eigenen Neid und unserer eigenen Eifersucht können ihre Funktionen dann optimal erfüllen, wenn sie in einer *mittleren Stärke* vorhanden sind. Sind sie zu schwach, machen sie uns nicht in ausreichendem Maße auf Gefahren aufmerksam und motivieren in unzureichendem Maße geeignetes Bewältigungsverhalten; sind sie hingegen zu stark, blockieren und lähmen sie uns. Da letzteres heute schon fast üblich ist, wollen wir hier die Abgrenzung zwischen der vitalen und der überdosierten Ausprägung dieser Gefühle unter die Lupe nehmen.

Wie es für eine Unterscheidung von vitalen, auffälligen oder gar krankhaften Rivalitäts-, Neid und Eifersuchtsgefühlen keine allgemein gültigen Kriterien gibt, so gibt es auch keine für die Unterscheidung von natürlichen und auffälligen oder gar pathologischen Ausprägungen der Widersacher dieser Emotionen.

Allgemein können wir davon ausgehen, *daß diese Widersacher dann zu stark ausgeprägt sind, wenn wir Angst vor Rivalität, Neid und Eifersucht, Angst vor Ablehnung, Scham- oder Schuldgefühle erleben:*

- obwohl in der Realität oder unserer Erwartung keine Gefahr besteht, daß wir selbst oder andere durch das Er- und Ausleben unserer Rivalitäts-, Neid- und Eifersuchtsgefühle unnötige Nachteile in Kauf nehmen müssen oder auf andere Art dadurch Schaden haben;
- weil wir die Bedrohlichkeit einer solchen Gefahr (ob diese nun real besteht oder von uns erwartet wird) überschätzen;

diese aber nicht geeignet sind, einer solchen, zu erwartenden Gefahr vorzubeugen oder eine solche, bereits bestehende Gefahr zu beseitigen.

Diese Kriterien sind sehr allgemein und lassen einen dementsprechend breiten Spielraum für eigenes Urteilen. Wollen Sie nun für sich persönlich herausfinden, ob Ihre Angst vor Ablehnung, Ihre Angst vor Rivalität, Neid und Eifersucht sowie ihre Scham- und Schuldgefühle zu stark sind, sollten Sie Fragen folgender Art für sich ganz persönlich beantworten:

Leide ich unter diesen Gefühlen?
Muß ich wegen ihnen unnötige Nachteile in Kauf nehmen?
Beeinträchtigen sie meine Lust am Leben?
Schränken sie mein Verhalten übergebührlich ein?
Muß ich wegen ihnen auf Annehmlichkeiten verzichten?
Erlebe ich diese Gefühle auch dann, wenn kein entsprechender Anlaß gegeben und kein solcher zu erwarten ist?
Sind diese Gefühle bei mir stärker als es die Bedrohlichkeit der Situation rechtfertigt?
Kann ich aufgrund dieser Gefühle beruflichen und privaten Verpflichtungen nicht adäquat oder nur mit übermäßig großen Schwierigkeiten nachkommen?

Werden solche Fragen mit »ja« beantwortet, ist es wahrscheinlich, daß die in Frage *stehenden Emotionen zu stark sind, sie das hervorrufen, was in der Psychologie Leidensdruck* genannt wird. Um Ihnen das Beantworten solcher Fragen zu leichtern, sollen die folgenden Beispiele die oben dargestellten Abgrenzungskriterien konkretisieren. Zu stark sind die Angst vor unserer eigenen Rivalität, unserem eigenen Neid und unserer eigenen Eifersucht, die Angst vor Ablehnung sowie unsere Scham- und Schuldgefühle beispielsweise dann, wenn wir:

- unsere Rivalität, unseren Neid und unsere Eifersucht in jedem Fall runterschlucken;
- eine sehr hohe Schwelle haben, die überschritten sein muß, damit wir uns erlauben, neidisch und eifersüchtig zu sein dürfen: z. B. wir Eifersucht erst dann zeigen, wenn wir den Partner mit der anderen Frau in flagranti erwischen; wir andere erst dann um ihre reich gedeckte Tafel beneiden dürfen, wenn wir selbst am Hungertuche nagen;
- wir unsere Rivalität, unseren Neid und unsere Eifersucht schon gar nicht mehr so recht wahrnehmen;
- unsere Gefühle nur ganz wenigen Personen gegenüber zeigen dürfen;
- ständig unnötige Nachteile des Unterdrückens von Rivalität, Neid und Eifersucht in Kauf nehmen: z.B. lieber auf den Abteilungsleiterposten verzichten, statt darum zu kämpfen; statt Eifersuchtsverhalten zu zeigen, lieber in Kauf nehmen, daß ein Nebenbuhler uns die Gattin wegnimmt;
- Angst bekommen, wenn wir etwas erleben, das mit dem Zulassen und Ausdrücken von Rivalitäts-, Neid- und Eifersuchtsgefühlen zu tun hat oder uns an eben diese Emotionen erinnert;
- uns bei jedem Erleben dieser Gefühle – auch wenn wir es nicht zeigen – schämen oder ein schlechtes Gewissen bekommen, meinen, für jedwedes Er- und Ausleben dieser Gefühle Buße tun und für jeden auch noch so berechtigten und geringfügigen Ausbruch unserer Emotionen Entschuldigungen und Rechtfertigungen finden zu müssen;

- in Panik geraten, sobald wir ein bißchen auf Rivalität aus, neidisch oder eifersüchtig waren;
- denken, daß uns jeder ablehnt, weil wir Rivalität, Neid und Eifersucht er- und ausgelebt haben;
- alle irgendwie negativen oder komischen Reaktionen unserer Mitmenschen darauf zurückführen, daß wir irgendwann einmal auf Rivalität aus, neidisch oder eifersüchtig waren;
- uns wegen unserer Rivalität-, Neid- und Eifersuchtsgefühle selbst nicht mehr leiden können, uns für Versager halten;
- allen Situationen, in denen Rivalitäts-, Neid- und Eifersuchtsgefühle aufkommen können, aus dem Wege gehen oder solche Situationen nur unter großer Angst ertragen können;
- uns überall nur noch anpassen, zu allem »ja und amen« sagen, obwohl wir anderer Meinung sind, damit wir bloß nicht in den Verdacht geraten, wir könnten Rivalitäts-, Neid- und Eifersuchtsgefühle in uns hegen;
- meinen, unverschämt, egoistisch oder rücksichtslos zu sein, sobald wir um etwas, das uns wichtig ist, kämpfen;
- glauben, wegen unseres Rivalitäts-, Neid- und Eifersuchtgebarens ausgelacht oder für verrückt erklärt zu werden;
- uns auch dort, wo alle unsere Mitstreiter auf Kampf aus sind, nicht trauen selbst für unsere Interessen zu kämpfen.

8 Abwehr unserer eigenen Emotionen

Jeden Tag gibt es eine Unmenge von Anlässen, die Rivalität, Neid und Eifersucht bei uns hervorrufen können. Da wir uns aber nicht andauernd diesen Gefühlen hingeben können und wollen, schon gar nicht dann, wenn sie zu stark sind, haben wir Strategien oder Mechanismen, mit deren Hilfe wir unsere Gefühle ebenso wie deren Auslöser abwehren. Welche Mechanismen das sind, wann sie hilfreich und wann sie eher ungünstig sind oder sogar Schaden anrichten, darum geht es im folgenden.

Wie wir uns im Alltag gegen sie wehren

In der Psychologie werden Strategien, mit deren Hilfe wir uns gegen unsere eigenen Rivalitäts-, Neid- und Eifersuchtsgefühle zur Wehr setzen, *Abwehrmechanismen* genannt. Im einzelnen können wir durch ihre Anwendung folgendes erreichen:

- ein Abschwächung der Bedeutsamkeit der Auslöser von Rivalität, Neid und Eifersucht;
- eine Verringerung der Stärke des Rivalitäts-, Neid- und Eifersuchtsgefühls;

eine Milderung des erlebten Ausmaßes von Scham, Schuldgefühlen und Angst (besonders vor Ablehnung) als antagonistische Emotionen der Rivalität, des Neids und der Eifersucht.

Wir alle nutzen viele solcher Abwehrstrategien; oftmals ohne so recht zu bemerken, was wir da gerade tun, weil es automatisch oder gewohnheitsmäßig passiert und deshalb meist keiner großartigen Überlegung mehr bedarf.

Bagatellisieren. Wir wollen die Bedeutung des für uns Wichtigen, des erlebten Mangels oder des durch andere drohenden Verlust herunterspielen, sie kleiner machen als sie in Wirklichkeit ist oder von uns empfunden wird, z. B.: Was macht es schon aus, wenn ich nicht so ein amüsanter Unterhalter bin wie dieser Typ am Nebentisch? Es gibt Schlimmeres, als Entscheidungsbefugnis im Betrieb zu verlieren! Daß mir jemand die Freundin ausspannt, das wird schon nicht so bald passieren!
Verleugnen. Das, was Rivalität, Neid und Eifersucht bei uns auslöst wollen wir nicht wahrhaben, wir verneinen es, z. B.: Mir kann es nicht passieren, daß mir eine andere den Tanzpartner wegschnappt! Attraktivität ist unwichtig, auf die inneren Werte kommt es an! In unserer Arbeitsgruppe gibt es keine Konkurrenz!, So ein toller Typ wie ich hat es nicht nötig, eifersüchtig zu sein! Männer haben gar nicht mehr Macht als wir Frauen! Auch wenn dieses neue Geschwisterchen da ist, bleibe ich Mamas Liebling! So einen rücksichtsvollen Ehemann wie mich gibt es ohnehin nicht noch einmal!
Verkehrung ins Gegenteil. Nehmen wir bei uns selbst Rivalitäts-, Neid- und Eifersuchtsgefühle

wahr, die wir nicht wahrhaben wollen, verkehren wir unsere Reaktion und deren Auslöser ins Gegenteil, um die Stärke des Ungewollten zu veringern, statt diese Gefühle zu zeigen und zu bekämpfen, reagieren wir mit Angst, Scham, Schuldgefühlen und ziehen uns zurück, z. B.: Ich will gar nicht gewinnen – immer derselbe Sieger, das wäre ja langweilig! Ich brauche keine Familie, als Junggeselle geht es mir viel beser! Geld verdirbt den Charakter; arme Leute sind die besseren Menschen! Wenn mir dieses Weibchen meinen langweiligen Gatten ausspannt, interessieren sich endlich mal wieder richtige Männer für mich!

Verdrängen. Weder über das, was uns zu Rivalen, Neidern und Eifersüchtlern werden läßt noch über diese Emotionen als solche wollen wir nachdenken, z. B.: Denk' nicht mehr daran! Vergiß es! Hör auf, darüber nachzugrübeln!

Vermeiden (Abb. 38). Den Auslösern von Rivalität, Neid und Eifersucht sowie diesen Emotionen als solchen wollen wir aus dem Wege gehen, z. B.: Lieber bleibe ich unter Frauen, da muß ich nicht erst um meine Rechte kämpfen! Ich suche mir lieber eine unscheinbare Frau, die spannt mir jedenfalls nicht so schnell jemand aus! Wenn sich für den Abteilungsleiterposten schon andere beworben haben, lasse ich es sein, sonst müßte ich mich ihnen gegenüber beweisen!

Ablenkung. Beim Bestehen von Rivalität, Neid und Eifersucht sowie diese Gefühle hervorrufenden Anlässen wollen wir die erlebte Spannung oder Erregung auf anderen Wegen vermindern, z. B. durch Essen, Trinken, Fernsehen, Rauchen, angenehme Tagträume, Sport und Spiel, künstlerisches Gestalten, in die Arbeit stürzen.

Abb. 38. Meiden wir alle Gelegenheiten, bei denen wir zu Rivalen, Neidern oder Eifersüchtlern werden könnten, kann es uns leicht passieren, daß wir irgendwann einsam und verlassen in unseren vier Wänden hocken.

Verschiebung. Lösen Rivalitäts-, Neid- und Eifersuchtsgefühle dort, wo sie entstehen starke Angst aus, verschieben wir sie und die ausgelösten Energien auf weniger bedrohliche Ersatzobjekte oder -tätigkeiten, z. B.: der Gatte, der sich im Rivalitätskampf am Arbeitsplatz nichts traut, seine Rivalitätsgefühle dann am heimischen Herd gegenüber der Gattin ausagiert; die Musikerin, die ihren Neid auf den dominanten Partner nicht in der Partnerschaft auslebt, sondern im Künstlerwettstreit; der Bruder, der seine Eifersucht auf das jüngere Geschwisterchen nicht zeigt, dafür aber beim Dosenkicken mit aller Kraft zum besten Dosenkicker der Straße werden will.

Projektion. An uns selbst erlebte Rivalitäts-, Neid- und Eifersuchtsgefühle schreiben wir anderen zu, z. B.: die Tochter soll eine so gute Ärztin werden wie die Frau Doktor um die Ecke eine ist; der

Nachbar, dem der Schrebergarten links von uns gehört, ist derjenige, der krankhaft eifersüchtig ist, wenn ein anderer Mann mit seiner Frau spricht.

Verantwortung und Selbständigkeit abgeben. Um uns der Rivalität, dem Neid und der Eifersucht nicht stellen zu müssen, gehen wir in unserer Persönlichkeitsentwicklung ein paar Schritte zurück und geben Selbständigkeit und Verantwortung ab, lassen andere für uns handeln, z. B.: Rede Du mit meiner Frau, damit sie mich nicht verläßt! Ich kann in der Betriebsversammlung nicht aufstehen und sagen, daß ich mich gegenüber meinen beiden Kolleginnen benachteiligt fühle – mach' Du das für mich!

Zwanghaftes Verhalten. Geeignetes Bewältigungsverhalten führen wir in übertriebenem Maße aus, z. B.: der Ehemann, der seine Frau nicht ohne seine Begleitung weggehen läßt; der Journalist, der Tag und Nacht arbeitet, um immer die besten Beiträge parat zu haben; die Mutter, die sich selbst nichts mehr gönnt, damit die Kinder die bestgekleidetsten der Schulklasse sind; die Sekretärin, die jede auch noch so kurze Arbeitspause mit Aufräumen verbringt, damit niemals keine ihrer Kolleginnen einen ordentlicheren Schreibtisch vorweisen kann.

Wendung gegen die eigene Person. Rivalität, Neid und Eifersucht verschieben wir weg von dem ursprünglichen Objekt auf die eigene Person, z. B.: Hätte ich mehr gebüffelt, hätte ich jetzt auch so seine verantwortungsvolle Position wie mein Vorgesetzter! Wäre ich eine bessere Mutter, würde mein Kind jetzt nicht lieber zur Oma gehen! Meine Frau hätte kein Verhältnis, wenn ich nicht so ein langweiliger Liebhaber wäre!

Durch körperliche Symptome ausdrücken. Erscheinen uns unsere Rivalität, unser Neid und unsere Eifersucht gefährlich, unterdrücken wir sie, und sie kommen in der Form körperlicher Symptome zum Ausdruck, z. B.: die Frau, die Migräne bekommt, damit sich der Gatte um sie kümmert, statt den ganzen Samstag auf dem Sportplatz zu verbringen; das Kind, das Bauchschmerzen bekommt, damit sich die Mutter mehr um es als um das jüngere Geschwisterchen kümmert.

Das sind einige der Mechanismen, mit deren Hilfe wir unsere Rivalität, unseren Neid und unsere Eifersucht im Alltag wegschieben. Aber ist deren Anwendung nun sinnvoll oder nicht?

Abwehr ja – aber auf das richtige Maß kommt es an

Nun kennen wir einige der Strategien, die wir tagaus, tagein – vielfach ohne es so recht zu bemerken – verwenden, um uns gegen unsere eigenen Rivalitäts-, Neid- und Eifersuchtsgefühle sowie gegen ihre Auslöser und mit ihnen verbundene Scham-, Schuld- und Angstgefühle zur Wehr zu setzen oder diese Emotionen im Zaum zu halten. Auch hier stellt sich die Frage: Wieviel Abwehr ist richtig, wieviel brauchen wir, wann ist daran etwas faul und wann ist es des Guten zuviel?

Hilfreich und deshalb nützlich sind solche Abwehrstrategien dort, wo sie tatsächlich geeignet sind:

- unsere Rivalitäts, Neid- und Eifersuchtsgefühle oder auch unsere Angst, Scham und Schuldgefühle so zu vermindern, daß diese eine mittlere Stärke erreichen, in der diese Emotionen ihre Funktionen am besten erfüllen können und wir handlungsfähig

- sind anstatt durch zu starke Ausprägungen dieser Gefühle, gelähmt und blockiert zu sein oder in unproduktive, mehr Schaden als Nutzen hervorbringende hektische Panik zu verfallen;
- unsere Spannung oder Erregung auf ein Maß zu reduzieren, das unsere Befindlichkeit verbessert und unsere Handlungsfähigkeit fördert,
- reale Bedrohungen (z. B. aufgrund des Ausdrückens unserer Gefühle) zu beseitigen, ihnen aus dem Wege zu gehen oder vorzubeugen;
- wenn sie uns helfen, solange etwas anderes wichtiger ist, mal nicht an Rivalität, Neid oder Eifersucht zu denken.

So sind diese Abwehrstrategien, eingesetzt als Regulative, nützlich und leisten uns gute Dienste für unsere Lust am Leben und unser Überleben.

Problematisch wird die Anwendung dieser Strategien jedoch dann, wenn sie fehl am Platze sind, unnötig oder exzessiv angewendet werden; dies ist beispielsweise dann der Fall, wenn:

- sie nicht geeignet sind, einer realen Bedrohung (z. B. durch unsere Gefühlsäußerungen) aus dem Wege gehen, eine solche zu beseitigen oder ihr vorzubeugen;
- wir sie nutzen, obwohl keinerlei Bedrohung dieser Art besteht oder weil der Bedrohungscharakter der Situation überschätzt wird;
- wir sie anwenden, auch wenn es augenblicklich nichts gibt, das wichtiger ist als unser Neid, unsere Eifersucht und unsere Rivalität;
- wir sie einsetzen, obwohl diese Gefühle in einer für unsere Handlungsfähigkeit optimalen Stärke bestehen;

- sich unsere Spannung und Erregung in einem solchen Maße erhöht oder verringert, so daß sich unser Befinden verschlechtert und unsere Handlungsfähigkeit schmälert;
- wir ungeeignete Strategien verwenden;
- sie dazu dienen, das Weggeschobene dorthin zu verlagern, wo es nichts zu suchen hat und mehr Schaden anrichtet als es Nutzen bringt.

In all diesen Fällen dienen unsere Abwehrstrategien nicht mehr als Regulative, sondern nur noch dem unbedingten Niederhalten sowie Wegschieben unserer Gefühle, die dann mehr schaden anrichten als sie uns Nutzen bringen. Auch weggeschobene Gefühle bleiben die selben, es sei denn, ihre Auslöser sind verschwunden. Letzteres kommt aber nicht so oft vor; außerdem machen wir uns, wollen wir darauf warten, daß sie durch irgendetwas verschwinden, abhängig von wem oder was auch immer, und es ensteht bei uns der Eindruck, ausgeliefert und hilflos zu sein, selbst keine Kontrolle zu haben, also ein Eindruck, der unser Selbstwertgefühl verringert, manchmal sogar bis hin zur Depressivität und schwerwiegenden Ängsten sowie Panikattacken.

Haben wir unsere Rivalität, unseren Neid und unsere Eifersucht nur weggeschoben, haben wir folglich also auch nichts getan, das den Auslöser beseitigen würde (Abb. 39). Was passiert also? Beim nächsten Auftauchen des Auslösers oder eines Hinweises auf denselben, sind die Emotionen verständlicherweise wieder da. Selbstverständlich gibt es nun manche auslösende Situation, der wir aus dem Wege gehen, die wir vermeiden können; das geht aber nur im Moment. Und was dann? In unserem Alltag gibt es eine Unzahl von Gelegenheiten, bei denen wir auf etwas treffen, daß uns auf die ursprünglichen Auslöser der weggeschobenen Gefühle hinweist (ein Wer-

Abb. 39. Statt andere, die beim Überziehen von Kondomen geschickt sind, aus Neid als »versaut« zu beschimpfen, sollten wir lieber unsere eigene Geschicklichkeit darin verbessern.

beprospekt eines Möbelhauses, dessen Angebot uns an die Möbel der Freundin erinnert; andere intakte Ehen, von denen wir hören; Frauen, die eine ähnliche Stimme haben wie die ehemalige Schulkameradin des Gatten . . .). Solche Hinweise finden sich überall, nicht zuletzt in den Medien oder in Büchern, und bringen nun unsere Abwehr ins Wanken oder gleich ganz zu Fall – und wir stehen wieder da mit unseren Gefühlen.

Schieben wir unsere Emotionen weg, entsteht Angst vor diesen emotionalen Regungen. Zu den Gefühlen, die wir wegschieben – ob es nun Rivalität, Neid, Eifersucht, oder deren Widersacher, Angst, Scham, Schuldgefühle sind, die auslösenden Ereignisse, Objekte oder Empfindungen wie Verlustangst, kommt die Angst vor diesen Gefühlen hinzu. Schieben wir nun auch noch diese Angst weg, wird sie, wie alle Ängste mit jedem Wegschieben größer und langfristig kommt es zu der Angst vor der Angst, die besonders häufig bei der Panikstörung zu beobachten ist.

Nicht nur die Angst wird mit jedem Wegschieben größer, sondern auch die unter unter den Teppich gekehrte Rivalität und Eifersucht ebenso wie der unterdrückte Neid. So kann es passieren, daß aus einer vitalen Eifersucht eine krankhafte wird, aus dem natürlichen Streben, etwas zu erreichen im Neid oder in der Rivalität, exzessive Formen eines solchen Strebens erwachsen, die nicht zuletzt zu kriminellen Handlungen (einschließlich Gewalttätigkeiten) führen können.

Das Lernen durch das Erkennen von Ähnlichkeiten sorgt dafür, daß Gefühle – besonders die unverarbeiteten, die über lange Zeit bestehen bleiben oder weggeschoben werden – generalisieren, sich ausweiten auf Ereignisse, Vorstellungen, Objekte und Empfindungen, die den ursprünglichen Auslösern ähnlich sind. Dies erklärt beispielsweise, warum jemand, der zunächst nur eifersüchtig war, wenn die Partnerin ein Verhältnis mit einem anderen hatte, mit der Zeit bereits dann von Eifersucht geplagt wird, wenn die Partnerin mit einem Mann spricht, abends alleine ausgeht, beim Telefonieren ungestört sein will oder häufiger auf Dienstreisen ist; all das sind Bedingungen, die so oder in ähnlicher Form gegeben waren, als sie tatsächlich ein Verhältnis hatte. Bestimmt können Sie sich vorstellen, wie so etwas enden kann! In diesem Beispiel ein ständiges Geplagtsein von Verlustangst, krankhafte Eifersucht, ständiges Kontrollieren der Partnerin, Selbstaufgabe des Eifersüchtigen, dessen Leben sich nur noch um die Eifersucht sowie darum, dem befürchteten Verlust vorzubeugen, dreht; Partnerschaftskrisen häufen sich, bis es letztlich zur Auflösung der Partnerschaft kommt – eben zu dem, was der Eifersüchtige ja nun mit allen Mitteln verhindern wollte.

Kaum jemandem gelingt es, seine Gefühle – ob es sich um Rivalität, Neid, Eifersucht oder was sonst auch immer handelt – ganz zu unterdrücken oder wegzuschieben. Im allgemeinen machen sie sich im Verhalten doch bemerkbar; jetzt in einer pervertierten Form. So kann es sein, daß wir jemandem, den wir beneiden, zwar nicht aus dem Wege gehen, ihm jedoch mit dieser allseits berühmten Scheißfreundlichkeit begegnen, oder wir unsere Rivalität oder unseren Neid hintenherum austragen; von vorne scheißfreundlich sind und von hinten »treten«. Gelingt die Abwehr nur unvollständig, können so diverse problematische Verhaltensweisen entstehen; dazu gehören beispielsweise: Gereiztheit im Kontakt mit anderen, Lügen und Ausreden erfinden, intrigieren, feindseliges und zickiges Verhalten wie anhaltendes Nörgeln über Nebensächlichkeiten, den anderen ignorieren, sonst übliche Nettigkeiten abstellen, übertriebene Ironie sowie überzogener Zynismus. Dadurch entstehen nur überflüssige kraftraubende, oftmals sogar unerträgliche Rangeleien in unseren sozialen Beziehungen, schwerwiegende Konflikte in denselben und letztlich Beziehungsabbrüche. Andere problematische Verhaltensweisen können entstehen durch eine exzessive Anwendung von Abwehrmechanismen; dazu zählen beispielsweise das unkontrollierte Essen (Frustfressen, Nervennahrung), überhöhter Alkoholkonsum (der kurzfristig vergessen läßt), Arbeitssucht (in die Arbeit stürzen und sich dadurch ablenken), überhöhter Nikotinkonsum (kurzzeitige Spannungsreduktion durch das Rauchen) sowie Selbstbeschädigungstendenzen wie Nägelkauen, Haare ausreißen, sich selbst beißen oder kratzen (die ebenfalls einer Spannungsabfuhr dienen können).

Nun entstehen die von den weggeschobenen Emotionen mobilisierten, von uns jedoch nicht genutzten Energien, die ja nun mal irgendwo bleiben müssen, nicht nur in problematischem Verhalten, sondern auch in der Form von körperlichen und psychischen Symptomen: Spannungskopfschmerz und Migräne, Blutdruckanomalien und verschiedene Störungen des Herz-Kreislauf-Systems, Reizblase, Bettnässen, sowie Störungen im Magen-Darm-Trakt, Krebserkrankungen unterschiedlicher Art, Deprimiertsein, Minderwertigkeitsgefühle, Selbstwertzweifel, Ängste bis hin zu Panikattacken, Konzentrationsschwierigkeiten und Gedächtnisschwäche.

Obwohl immer wieder behauptet wird, es sei schlecht, wenn wir unsere Rivalitäts-, Neid- und Eifersuchtsgefühle und deren Widersacher zulassen, sie er- und auszuleben, so brauchen wir diese Gefühle, aber in einem ausgewogenen Mittelmaß.

9 Wie wir wieder lernen, unsere Gefühle zu erleben und auszuleben

In diesem Kapitel geht es darum, wie wir selbst wieder erlernen, mit unseren Gefühlen auf natürliche Weise umzugehen. Wir haben die Grundlagen dafür in den vorherigen Kapiteln besprochen und wollen nun die praktische Seite betrachten.

Wo der Wurm drin ist

Einem jeden von uns begegnen tagtäglich etliche Anreize oder Auslöser von Rivalität, Neid und Eifersucht. Wir leben innerhalb unserer sozialen Gefüge in multiplen Hierarchien, sehen in der Werbung und den Medien, an was es uns mangelt, erleben oder stellen uns vor, welche Ressourcen wir wann und wofür benötigen oder gerne hätten, machen uns Gedanken über das, was wir verlieren könnten, dies als Beispiele aller uns andauernd in unserer Vorstellung, in unserem realen Lebensumfeld, in den Medien oder sonstwie begegnenden Auslöser dieser Emotionen.

Dementsprechend haben wir innerhalb unserer Sozialisation auch gelernt, daß es in unserer Gesellschaft darauf ankommt, sich durchzusetzen, zu kämpfen, Ziele zu verfolgen, sich gegen Nebenbuhler zu wehren. Wenn die Sache tatsächlich so einfach wäre, wäre das ja gar nicht mal schlimm; schlimm wird die Angelegenheit dadurch, daß auch diese Medaille eine Kehrseite hat! Die ist nun die, daß wir zugleich gelernt haben, Rivalität, Neid und Eifersucht abzulehnen oder gar zu verteufeln, sie zu tabuisieren und zu negieren. Wieder sind es Lernvorgänge wie Lernen durch Ähnlichkeit, Lernen durch Erfahrung und Lernen am Modell, die uns genau das lehren; sowie Umweltbedingungen wie Medien und allerorts vorhandenen Hierarchien, deren Einfluß nicht zu unterschätzen ist.

Diese beiden Seiten sind es, die viele von uns belasten oder gar an den Rand der Verzweiflung treiben und in den immerwährenden Konflikt. Da stehen wir nun mit unseren Gefühlen und wissen nicht mehr weiter. Die Folge davon ist nur leider viel zu oft die, daß wir, am besten gleich alles herunterschlucken oder unterdrücken, denn so können wir wenigstens nicht als hysterisch, krankhaft eifersüchtig, Neider, als Streber, Emporkömmling ... gescholten werden. Damit laufen wir dann nun allerdings Gefahr, von dem einen oder anderen als Schwächling, Schlappschwanz, lahm, träge, faul oder beeinflußbar beschimpft zu werden, uns selbst ebenso einzuschätzen, auf vieles notwendige und überflüssige zu verzichten oder unnötige Nachteile in Kauf zunehmen. Wie die Erfahrung zeigt, scheinen letztere Gefahren uns heute jedoch weniger zu beeindrucken, als die mit dem Er- und Ausleben von Rivalität, Neid und Eifersucht verbundenen Gefahren.

So paradox das in unserer konkurrenz- und wettbewerbsorientierten Gesellschaft auch erscheinen mag, es mangelt uns an Rivalitäts-, Neid- und Eifersuchtsgefühlen und ihren Ausdrucksformen, aber eben an den natürlichen Gefühlsregungen und Ausdrucksmöglichkeiten, deren pervertierte Formen wir alle hingegen zur Genüge er- aus- und miterleben. Was wir allerdings in unserer nach Gleichheit und Gleichberechtigung strebenden Gesellschaft zuviel haben, sind Angst sowie aus der Angst vor Ablehnung resultierende Scham- und Schuldgefühle. Erleben wir etwas, das einerseits tief in uns verwurzelt ist und irgendwie ja auch in unsere Gesellschaft gehört, andererseits aber sich nicht ziemt bzw. geradezu negiert wird, ist die Angst davor um so größer, denn um so mehr drohen Ablehnung und andere negative Konsequenzen. Statt diese emotionalen Regungen auszuleben und so ihre positiven Funktionen zu nutzen, schieben wir diese Gefühle weg, fressen sie in uns hinein und sind sogar bemüht, sie vor uns selbst zu verbergen. Wie läßt sich das mit dem natürlichen Zweck unserer Angst vor Ablehnung sowie vor Rivalität, Neid und Eifersucht, unserer Scham und unseren Schuldgefühlen vereinbaren? Dies ist nicht möglich.

Wo ist aber nun der Wurm drin? Unsere labile Balance zwischen Rivalität, Neid, Eifersucht auf der einen und Angst, Scham, Schuldgefühlen auf der anderen Seite ist ungebührlich aus dem Gleichgewicht geraten; dabei ist die Seite der Rivalität, des Neids und der Eifersucht zu schwach, die der Angst, Scham und Schuldgefühle hingegen zu stark.

Was wir tun sollten ist klar: Wir sollten die ins Wanken geratene, vielleicht auch schon umgekippte labile Balance zwischen den uns hier beschäftigenden emotionalen Regungen wiederherstellen. Um das zu erreichen, müssen wir uns mit beiden Seiten beschäftigen; natürliche Rivalitäts-, Neid- und Eifersuchtsgefühle gilt es wieder zu er- und auszuleben, Angst vor diesen Gefühlen ebenso wie vor Ablehnung, Scham und Schuldgefühle gilt es zu mildern.

Wege zum Erleben und Ausleben natürlicher Emotionen

Was können wir nicht mehr und müssen es wieder lernen? Vieles haben wir verlernt, und zwar:

- unsere Gefühle klar und nicht undifferenziert ausdrücken (beispielsweise so ausgedrückt: Ich fühle mich komisch, schlecht, unwohl, unbehaglich, merkwürdig, so anders, ein bißchen seltsam...), mit dem weder wir selbst noch andere etwas anfangen können. Zunächst einmal wir selbst: Auf was soll uns ein solcher Sumpf aufmerksam machen, welches Verhalten soll er anregen? Wir wissen es nicht und können folglich die Funktionen der nicht differenziert wahrgenommenen Emotionen auch nicht nutzen. Stattdessen sind wir irritiert, geraten in Hektik oder verfallen in Passivität. Und unser Gegenüber: Können Sie sich vielleicht vorstellen, was genau jemand erlebt, der sich irgendwie komisch, merkwürdig oder seltsam fühlt? Wissen Sie wirklich, was in einem anderen tatsächlich vorgeht, wenn er Ihnen sagt, er fühle sich schlecht, gut, unwohl, unbehaglich, wohl? Fragen Sie sich da nicht auch: Was ist es denn nun genau?, Ist er/sie traurig oder ärgerlich oder gar beides, vielleicht ist er/sie aber auch stolz, voller Freude und dabei noch überrascht oder doch nur erfreut oder vielleicht auch erfreut oder erschrocken? Somit können Sie nicht und auch kein anderer, ohne dies genauer zu wissen, verständnisvoll oder hilfsbereit sein.
- natürliches Rivalitäts-, Neid- und Eifersuchtsgefühl von ihren pervertierten und exzessiven Formen zu unterscheiden;

- diese Emotionen von Gedanken oder Als-Ob-Gefühlen abzugrenzen;
- Rivalität, Neid und Eifersucht in angemessener Form auszudrücken;
- die Funktionen dieser vitalen Emotionen für uns selbst im Zusammenleben mit anderen zu erkennen und zu nutzen;
- daß wir vor natürlichen Rivalitäts-, Neid- und Eifersuchtsgefühlen keine Angst zu haben brauchen.

Bevor wir die Wege beschreiten, auf denen die aufgezeigten Ziele zu erreichen sind, sehen wir uns am Beispiels des Neids einmal an, von wo nach wo diese Wege einen Neider beispielsweise führen können:

Neid kommt auf

Wir stellen fest, daß ein anderer etwas besitzt oder hat, das wir nicht besitzen oder haben; ein anderer etwas ist, was wir nicht sind; ein anderer etwas tun kann, das wir nicht tun können; ein anderer etwas bekommt, das wir nicht bekommen; oder daß zu einem anderen etwas gehört, das nicht zu uns gehört. Dies läßt uns einen Mangel empfinden; und es entsteht Neid. So manches Mal spielt dabei es dabei keine Rolle, ob wir das, in dem uns ein anderer voraus ist, tatsächlich brauchen können, es uns wirklich gefällt ...; die Hauptsache ist, daß uns der andere keine Nasenlänge voraus ist.

Wegschieben – pervertierte Äußerungsformen auf dem Weg zu Konflikten und Störungen

Anstatt die für uns positiven Funktionen des Neids zu nutzen, tun wir meist etwas, das uns eher schadet oder zumindest nicht weiterbringt. So ist beispielsweise oft zu beobachten, daß der Neider von dem Beneideten Erreichtes mit Worten schlecht macht, um dem anderen weh zu tun und selbst Genugtuung zu empfinden; in Selbstmitleid verfällt; so tut, als mache ihm das Glück des anderen nichts aus und sich überlegen gibt; Situationen meidet, die Anlaß zum Neiden geben; den Beneideten zwar nicht meidet, ihm entgegengebrachte Freundlichkeit jedoch unecht und aufgesetzt wirkt; versucht, seine Mitmenschen auf sich selbst neidisch zu machen. Solches Verhalten bringt häufig weitergehende und unnötige Konflikte in sozialen Beziehungen hervor oder hat gar ein Abbrechen von Kontakten zur Folge. Auch machen wir uns durch manche solcher Ausdrucksformen selbst »klein« oder »nieder«; und nicht nur dadurch können Ängste, Depressionen und andere Erkrankungen begünstigt werden. In jedem Fall bringt so unter- und ausgedrückter Neid etwas hervor, daß wir eigentlich nicht wollten, das uns schadet.

**Neid als solchen wahrnehmen
und seine positiven Funktionen nutzen**

Für uns nutzen sollten wir stattdessen die positiven Funktionen des Neidgefühls, das uns auf etwas aufmerksam macht, an dem es uns mangelt, uns veranlaßt, das Mangelerleben zum Ausdruck zu bringen und den Mangel zu beseitigen, wofür es uns zugleich psychische sowie physische Energien zur Verfügung stellt. Was wir dafür lernen müssen ist: unseren Neid als vitale Emotion wahrzunehmen und in einer angemessenen natürlichen Art und Weise auszudrücken: So ein Auto hätte ich auch gerne! Schön wäre es, wenn ich auch so durchsetzungsfähig wäre! Wie gerne hätte ich auch endlich ein Kind!). Geben wir unseren Neid offen zu, gelingt es leichter, zu ermitteln, ob wir das von dem Beneideten Erreichte tatsächlich brauchen können, sein wollen, es uns tatsächlich gefällt. Erleben wir einen Mangel, spornt uns der Neid an, das Gewünschte oder etwas Vergleichbares, das unseren Möglichkeiten (beispielsweise unseren finanziellen

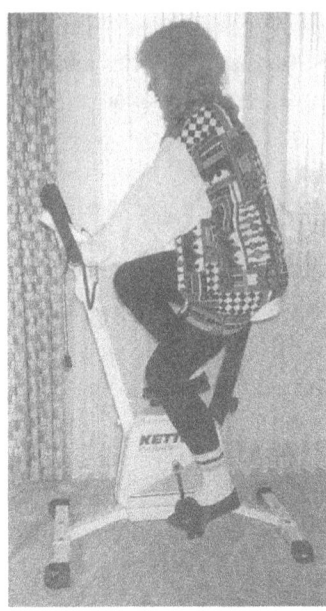

Abb. 40. Es nützt uns wenig, die Kollegin, auf die wir eifersüchtig sind, weil sie jetzt die beste Figur im Büro hat, deswegen schlecht zu machen. Gescheiter und hilfreicher wäre es, wenn wir uns selbst mal wieder öfter auf das Trimmrad bemühten.

Mitteln) entspricht, zu ereichen und das dafür Notwendige durchzuhalten (Abb. 40). Oftmals gelingt es uns, etwas zu tun, das auch vorher – ohne diesen Neid – sinnvoll für uns gewesen wäre, zu dem wir uns aber vorher nicht durchringen konnten, oder das wir aus dem entsprechenden Grund neidisch zu sein, nicht durchgehalten haben. Davor den erlebten Mangel durch unlautere Mittel (auf sozial unerwünschten oder gar kriminellen Wegen) zu beseitigen, bewahren uns die antagonistischen Emotionen des Neids – nämlich die Angst vor Ablehnung, Scham und Schuldgefühle. Um dies zu gewährleisten, müssen Angst, Scham und Schuldgefühle in einer mittleren Stärke vorhanden sein; so gelingt es ihnen, ihre Funktionen zu erfüllen, also uns in angemessenem Ausmaß auf Gefahren hinzuweisen, Bewältigungsverhalten in Gang zu setzen und dafür notwendige Energien zur Verfügung zu stellen.

Differenzierte Wahrnehmung

Beginnen wir mit der *Wahrnehmung* unserer Rivalitäts-, Neid- und Eifersuchtsgefühle. Wir müssen lernen, sie von Gedanken, anderen Emotionen sowie von pervertierten und exzessiven Formen der in Frage stehenden und anderer emotionaler Regungen und emotionaler Äußerungen zu unterscheiden.

Weil wir in unserer Gesellschaft unsere eigenen Gefühle tabuisieren und schon fast gewohnheitsmäßig unterdrücken, müssen wir zunächst einmal lernen, diese Gefühle wahrzunehmen. Einige Ursachen einer zu starken Angst vor diesen emotionalen Regungen haben ihre Wurzeln in einer unzureichenden Fähigkeit, Rivalität, Neid und Eifersucht wahrzunehmen.

Eine Ursache der übergroßen Angst vor unseren Gefühlen liegt darin, daß wir diese emotionalen Regungen meist nur noch dann wahrnehmen, wenn sie besonders stark sind und sie deshalb verbunden sind mit starken körperlichen Veränderungen, einer ausgeprägten Aufmerksamkeitskonzentration, einem kräftigen Ausdrucksbedürfnis und einer überaus deutlichen Motivation zu entsprechendem Verhalten. Wichtig ist es jedoch, daß wir diese Emotionen schon bei geringerer Stärke als solche identifizieren. Im Alltag erleben wir aber nun auch noch eine Unzahl anderer Gefühle, die wir als das, was sie sind, erkennen können sollten. Wollen wir unsere Rivalität, unseren Neid und unsere Eifersucht wahrnehmen und zeigen, müssen wir zunächst einmal wissen, wann wir eben diese und keine anderen Gefühle erleben, egal wie stark oder schwach sie in der jeweiligen Situation ausgeprägt sind.

Um dies zu erreichen, ist es hilfreich, eine Liste zu erstellen, in der wir alle vorkommenden Emotionen festhalten. Dabei ist es unwichtig, ob die auf unserer Liste stehenden Gefühle wissenschaftlich fein säuberlich voneinander abzugrenzen sind. Eine solche Gefühleliste, wie sie auch im Kap. 1 zu finden ist, hilft uns, aufmerksamer für das zu werden, was wir fühlen. Eine solche erhöhte Aufmerksamkeit verhilft uns nicht nur dazu, die Vielfalt unseres Gefühlslebens wieder zu entdecken, sondern auch dazu, unsere Rivalität, unseren Neid und unsere Eifersucht sowohl voneinander als auch von anderen Emotionen und pervertierten sowie exzessiven Formen emotionaler Regungen zu differenzieren. Aber nicht nur das ist es, was ein Aufmerksamwerden für Gefühle bewirkt. Es gelingt uns auch leichter zu erkennen, daß bestimmte Gefühle mit körperlichen Veränderungen, Ausdrucksmerkmalen sowie Handlungsantrieben verbunden sind. Zunächst müssen wir aber einmal darauf achten, was sich in und mit unserem Körper tut, was wir spontan tun möchten. Bis das Wahrnehmen von Veränderungen des Körpers sowie von Handlungsantrieben klappt, dauert es eine Weile, denn wir müssen darin erst wieder viel geübter werden. Gelingt es uns, körperliche Veränderungen und spontane Verhaltensanregungen wahrzunehmen, können wir Gefühle und Gedanken leichter voneinander abgrenzen.

Gefühle wahrnehmen können wir dann schon. Trotzdem noch ein Tip für den gestreßten und hektischen Zeitgenossen: Hin und wieder eine »blaue Stunde« einlegen, eine Zeit, in der wir nichts tun, als in uns hineinzufühlen, nach unseren Emotionen zu forschen und ihnen nachzuhängen. Warum das? Weil uns solche Stunden (genüßlich in der Badewanne, im Fensterbrett oder auf einer Wiese liegend, auf einer Bank am Flußufer oder auf dem heimischen Sofa sitzend) dabei helfen, unserer Rivalität, unserem Neid und unserer Eifersucht auf die Schliche zu kommen, sie in dem Wust all dessen, was uns andauernd bewegt, zu erkennen.

Nehmen wir unsere ureigene Rivalität und Eifersucht sowie unseren ureigenen Neid nun wahr, stellt sich gleich das nächste Problem: wir müssen das, was wir da wahrnehmen auch noch zulassen. Aber auch das macht uns wieder Angst. Wir haben Angst davor, was dann mit uns passiert. Eine wichtige Ursache dieser Angst, besteht darin, daß wir aufgrund falscher Informationen meinen, uns in eben diese Emotionen hineinzusteigern, von ihnen übermannt zu werden. Aber wie wir in Kap. 1 über die Reinsteigerer gelesen haben, funktioniert dies eben nicht.

Unzutreffende Informationen bewirken hier auch, daß wir körperliche Begleiterscheinungen bei emotionalen Regungen, wie sie auch bei dem Rivalitäts-, Neid- und Eifersuchtsgefühl vorkommen, falsch deuten; oft werden sie fehlgedeutet als Symptom einer Krankheit, was dann wieder Angst macht. Nur wenn wir das Gefühl durchleben, spüren wir, daß die Veränderungen des Körpers zu dem Gefühl gehören und verschwinden, wenn das Gefühl – weil wir es ausgedrückt und entsprechend gehandelt haben – abklingt bzw. neutralisiert wird.

Ausdrucksmöglichkeiten aussondieren

Unsere Gefühle nur wahrzunehmen und selbige zuzulassen, daß reicht alleine aber noch nicht. Dazu gehört auch das Ausdrücken von Gefühlen, aber auch davor haben wir Angst, denn wir könnten sie unangemessen oder an der falschen Stelle zeigen.

Also müssen wir wieder lernen, Rivalitäts-, Neid und Eifersuchtsgefühle adäquat und möglichst dort, wo sie hingehören, auszudrücken. Am besten beginnen wir damit, uns zu überlegen, welche Möglichkeiten es nun überhaupt – und zwar ganz allgemein und unabhängig von irgendwelchen diese Gefühle auslösenden Situationen – gibt und wie Rivalität, Neid und Eifersucht in ihren natürlichen Ausdrucksformen gezeigt werden können. Aber wie sollen wir nun auf brauchbare Ideen kommen, wie wir sie ausdrücken sollen? Einfälle kommen uns beispielsweise dadurch, daß:

- wir überlegen oder, besser noch, beobachten, wie solche Personen, die wir wegen ihres Rivalitäts-, Neid- und Eifersuchtsgebarens belächeln oder ablehnen, damit umgehen;
- wir beobachten wie unsere lieben Kinder (z. B. auf Spielplätzen) Rivalität, Neid und Eifersucht zum Ausdruck bringen;
- wir unser Gedächtnis bemühen und darin forschen nach dem, wie wir selbst früher als Kinder diese Emotionen gezeigt haben.

Vielleicht fällt uns im Zuge dieser Überlegungen ein,

- wie unsere Balge- und Raufereien mit Spielkameraden waren;
- wie erfindungsreich wir als Kinder waren, wenn uns Zuwendung einer Bezugsperson verlorenzugehen drohte und wir darum kämpften,
- wie unser Kegelkumpel das Abitur auf dem Abendgymnasium nachgeholt hat, um eine höhere berufliche Position zu erreichen;
- welche Drohgebärden unser Chef vollführt, wenn er sich gegen Kontrahenten durchsetzen will;
- wie die Schwester ihren Gatten mit geschickten Fragen bombadiert, wenn sie Anlaß zur Eifersucht hat;
- wie sich der Nachbar auf dem Straßenfest aufgeplustert hat, als seine Frau mit dem Hausmeister des Wohnblocks gegenüber flirtete;

wie laut, hart und drohend sich die Stimme unseres Enkels anhört, wenn ein Spielgefährte ihm den Roller wegzunehmen versucht.

Verfügen wir nun über ein Repertoire von Ausdrucksmöglichkeiten, sind wir aber noch keineswegs am Ziel. Lernen oder wieder lernen müssen wir ja nun auch noch, was wir sinnvollerweise in welcher Situation tun können, um unsere Gefühle nicht unter den Teppich zu kehren. Allgemein können wir sagen, daß die zu einer Situation passenden Ausdrucksmöglichkeiten diejenigen sind, durch die wir keine unnötigen Nachteile haben, diese Gefühle so ausleben können, daß wir uns anschließend befreit und erleichtert fühlen, wobei wir nach Möglichkeit auch noch das erreichen, wozu uns diese Emotionen veranlassen: wir das Angestrebte erreichen, den wahrgenommenen Mangel beseitigen oder den drohenden Verlust verhindern.

Probieren geht über studieren

In den beiden vorhergehenden Kapiteln haben wir entscheidende Grundlagen gebildet, um unsere Gefühle wahrzunehmen, zuzulassen und auszudrücken. Aber da ist noch immer unsere Angst davor, was passiert, wenn wir all das nun so schön Überlegte auch wirklich tun. Um das herauszufinden können wir soviel denken wie wir wollen, letztlich wissen wir es aber erst dann, wenn wir es auch tatsächlich tun.

Das, was wir uns bislang erdacht und überlegt, aus dem Gedächtnis gekramt und bei anderen abgeguckt haben, müssen wir selbst nun auch wirklich und wahrhaftig in die Tat umsetzen. Nun müssen wir uns allerdings auch nicht auf einen Schlag ins kalte Wasser stürzen, denn wir haben ja schließlich unsere Großhirnrinde, die uns hier gute Dienste leisten kann.

Machen wir also zunächst einen kleinen Schritt und springen ins lauwarme Wasser. Dabei stellen wir uns das, was wir später in der Realität tun wollen, uns aber ängstigt, erst einmal vor. *Wir erproben das Durch- und Ausleben unserer Rivalität, unseres Neids und unserer Eifersucht zunächst in der Vorstellung.* Notwendig ist es dabei, daß die Vorstellung so konkret und lebendig wie möglich ist – eben so, als ob wir es schon in einer realen Situation tun. Vorstellen können wir uns dabei beispielsweise folgendes:

Wie ist die Situation? Um was geht es? Wie geht es uns, bevor wir unsere Gefühle zeigen? Was erleben wir, wenn wir neidisch oder eifersüchtig sind? Wem wollen wir unsere Gefühle besonders zeigen? Was tun und sagen wir? Was tun und sagen die anderen? Wie reagiert wer auf unsere Eifersucht oder unseren Neid? Wie können wir uns dann verhalten?

Nur eine so genaue, möglichst wirklichkeitsgetreue Vorstellung löst Angst vor dem, was wir da vorhaben, in uns aus. Und genau das ist entscheidend. Warum ist es aber nun so wichtig, die Angst schon zuzulassen oder gar hervorzurufen, bevor wir in der Realität unsere Gefühle ausdrücken wollen? Haben wir schon bei der Vorstellung des uns Bevorstehenden Angst, können wir einen Teil dieser Angst bereits ver- oder abarbeiten, bevor wir in solche realen Situationen kommen. Was wir da tun, das heißt in der Psychologie *Angstvorwegverarbeitung*. Damit diese gelingt, müssen wir uns die Situation häufiger vorstellen, denn nur dann arbeiten wir nach und nach einen zunehmend größeren Teil unserer Angst auf. Durch die Angstvorwegverarbeitung verändern wir also nicht die Menge unserer Angst, sondern verschieben das Angstmaximum weg von der realen Situation auf einen früheren Zeitpunkt; das bedeutet, daß wir die maximale Angst erleben, wenn wir uns die Sache vorstellen, nicht dann, wenn es wirklich zu tun ist. Außerdem ermöglichen uns diese vielleicht seltsam unmutenden Vorstellungsübungen noch so manch anderes: In der Vorstellung können wir Ausdrucksmöglichkeiten einüben, selbige auf ihre Angemessenheit für die jeweilige Situation prüfen und Bewältigungsstrategien für den Fall aufbauen, daß etwas von dem passiert, was wir befürchtet haben.

Wichtig ist es, daß wir uns möglichst viele denkbare Verläufe solcher Angstsituationen genau vorstellen; wichtig ist dies, damit wir möglichst für alle Fälle gewappnet sind. Es ist keine Katastrophe, wenn in der realen Situation nicht alles genauso passiert, wie wir es uns vorher überlegt haben, vorbereitet sind wir aber dennoch recht gut, zumindest viel besser als in dem Fall, in dem wir unsere Angst bis zu dem Zeitpunkt wegschieben, an dem wir uns der Angstsituation stellen wollen.

Wir müssen unsere Rivalität, unseren Neid und unsere Eifersucht auch in realen Alltagssituationen zeigen. Tun wir das nicht, behalten wir unsere Angst vor ihnen auch weiterhin. Nur dann, wenn wir sie auch tatsächlich ausdrücken, merken wir, daß wir das, ohne schwerwiegende Nachteile in Kauf nehmen zu müssen, tun können, und es uns nachher auch wirklich besser geht. Letzteres nicht nur deshalb, weil wir uns so von dem Ballast befreit haben, den wir andernfalls ständig mit uns rumgeschleppt hätten. Um das zu erreichen müssen wir situationsangemessen und natürlich Rivalität, Neid und Eifersucht zeigen; passiert es auf eine verschrobene Art, erreichen wir entweder absolut nichts – oder wenn doch, dann eher das Gegenteil. Oder spüren Sie vielleicht Erleichterung (im Körper und Kopf), wenn Sie ihre Eifersucht in der Form von irgendwelchen Feindseligkeiten oder Zickigkeiten, hintenherum oder auf andere Art unnatürlich und verschroben kundtun?

Auf das Tun kommt es an, denn nur dabei verringert sich unsere Angst vor den Gefühlen.

Strategien gegen zu starke Angst vor Ablehnung

Wie wir wissen, ist die Angst vor Ablehnung – auch als Motor von Scham und Schuldgefühlen – notwendig, ja sogar überaus bedeutsam für unser Zusammenleben mit anderen und letztlich für unser Überleben. Wird diese Angst zu stark, ebenso die Scham und Schuldgefühle, sind wir gelähmt oder blockiert, verfallen andauernd in Panik und Scham sowie Schuldgefühle nehmen überhand. Und dagegen gilt es einiges zu tun, das uns hilft, diese drei Widersacher der Rivalität, des Neids und der Eifersucht im Zaum zu halten oder so zu vermindern, daß sie in einer vitalen mittleren Stärke vorhanden sind; in dieser Stärke erfüllen sie nicht nur ihre Funktionen – uns in angemessenem Ausmaß auf Gefahren wie drohende Ablehnung und andere zu erwartende negative Sanktionen aufmerksam zu machen, Bewältigungsverhalten in Gang zu setzen, den Erwerb neuer Coping-Strategien zu motivieren und für all das notwendige Energien zur Verfügung zu stellen –, sondern erlauben es uns zudem auch noch, unsere Rivalitäts-, Neid- und Eifersuchtgefühle zu erleben, besonders aber sie auszuleben.

Was müssen wir dafür nun ändern oder wieder lernen? Im wesentlichen ist hier fünferlei zu tun:

- aus einem einseitigen Denken darüber, wie andere über uns und unser Verhalten denken, muß ein ausgewogenes oder zweiseitiges Denken werden;

- aus einem zu allgemeinen und deshalb meist in Katastrophen endenden Denken muß ein konkretes werden, das Gefahren realistisch einschätzt und Bewältigungsstrategien bereithält oder aufbaut;
- zu allgemeine Verhaltensregeln müssen spezifiziert werden;
- vom Urteil anderer müssen wir unabhängiger werden;
- wir müssen uns trauen, vermeintliche Urteile anderer über uns und unser Verhalten zu überprüfen.

Wie aus einem einseitigen ein ausgewogenes Denken wird

Oftmals ist unsere Angst vor Ablehnung deshalb zu groß, weil wir jegliches Verhalten anderer, wie z. B.: den verärgerten oder gleichgültigen Gesichtsausdruck, den fehlenden oder flüchtigen Gruß, die knappe Antwort, das fehlende Händeschütteln, den oberflächlichen Begrüßungskuß ...) ausschließlich auf uns selbst und unser Verhalten beziehen, wie z. B.: das ist nur deshalb, weil ich gesagt habe, daß ich auch gerne so einen schönen Garten hätte; meiner Freundin erzählt habe, daß ich manchmal eifersüchtig bin, mich in der Diskussion gestern abend so kämpferisch gebärdet habe. Oftmals sind wir so felsenfest davon überzeugt, daß wir meinen, uns beim besten Willen nicht vorstellen zu können, daß auch noch irgendetwas oder irgendjemand anderer für das von uns als ablehnend, kränkend, verletzend oder sonstwie negativ erlebte Verhalten verantwortlich sein kann. Und in diesem Sinne ist unser Denken einseitig, wir ziehen uns jeden Schuh an, ob wir nun gemeint sind, und das Verhalten des Gegenübers ausgelöst haben oder nicht.

Damit aus unserem zu einseitigen wieder ein zweiseitiges oder ausgewogenes Denken wird, sind verschiedene Schritte erforderlich – und zwar die folgenden:

- Wir müssen darüber nachdenken, aus welchen von uns und unserem Verhalten unabhängigen Gründen sich der andere ausgerechnet in dieser Art und Weise verhalten haben könnte, wie wir es erlebt haben. Immer finden sich noch vielfältige mögliche alternative Erklärungen wie z.B. der andere könnte Kopfschmerzen haben; sich über die verstopften Straßen oder die überfüllte Straßenbahn ärgern; Knatsch in der Ehe haben; an den bevorstehenden Besuch der Schwiegermutter denken; sich über das wieder mal überzogene Konto den Kopf zerbrechen; sich im Beruf geärgert haben;
- Sind uns alternative Erklärungsmöglichkeiten eingefallen, müssen wir überlegen, wie wahrscheinlich es ist, daß die von uns gezeigte Rivalität und Eifersucht oder der von uns ausgedrückte Neid die Ursache für das Verhalten des anderen ist, und wie hoch die Wahrscheinlichkeit dafür ist, daß sein Verhalten andere Gründen hat. Hilfreich ist es, wenn wir uns dabei vorstellen, daß wir 100 Punkte zur Verfügung haben, die wir auf all die Gründe verteilen können, die uns für das Verhalten des anderen eingefallen sind; je wahrscheinlicher es ist, daß eine Erklärungsmöglichkeit nach unserer Einschätzung zutrifft, um so mehr Punkte erhält diese Erklärung und umgekehrt. Haben wir die Punkte verteilt, zählen wir für beide Seiten – das Verhalten des anderen haben wir ausgelöst und das Verhalten des Gegenübers hat andere Gründe – die Punktzahlen zusammen. Anschließend vergleichen wir die von uns für beide Seiten so ermittelten Wahrscheinlichkeiten miteinander.

Viel öfter als wir zunächst annehmen, kommen wir dabei zu dem Schluß, daß es doch viel wahrscheinlicher ist, daß nicht unsere Rivalität, unser Neid oder unsere Eifersucht, sondern anderes es war, das unser Gegenüber zu solch ablehnendem Verhalten veranlaßt hat. Aller Erfahrung nach zwängen wir uns bei einem solchen Vorgehen längst nicht mehr so oft in den Schuh, den wir uns bei einseitigem Denken schon fast gewohnheitsmäßig anziehen. Und das, obwohl wir bislang nur vermutet haben, was nach unserer ganz persönlichen Einschätzung die Ursache für das Verhalten des anderen ist. Wir haben bisher ausschließlich unsere Gedanken bemüht – diesmal allerdings nicht einseitig, sondern zweiseitig oder ausgewogen.

Zu einseitig ist unser Denken auch dann, wenn uns vorrangig Negatives in den Sinn kommt, das andere über uns denken, beispielsweise dann, wenn wir vor Neid platzen oder eine kleine Eifersuchtsszene veranstalten. Was uns da einfällt, ist oftmals so etwas wie: der oder die denkt bestimmt ich bin albern, kindisch, verantwortungslos, dumm, unsicher, egoistisch, rücksichtslos, will aus meinem Gatten einen Pantoffelhelden machen, gönne niemandem etwas. Auch von diesem ausschließlich negativem Denken unserer Mitmenschen sind wir oftmals so unumstößlich überzeugt, daß uns gar nichts Positives oder Neutrales mehr einfällt. Denken können sie aber noch vieles andere wie: der ist aber mutig; so offen wäre ich auch gerne mal; der macht's richtig, schade, daß ich mich so etwas nicht traue; würde ich das auch mal tun, wüßte mein Gatte vielleicht, daß mir etwas an ihm liegt. Häufig vergessen wir dabei auch, daß es andere vielleicht überhaupt nicht interessiert, was wir sagen, welches Gefühl sich in unserem Gesicht oder unserer Körperhaltung ausdrückt oder was wir tun. Vielleicht sind wir für die Personen, die sich gerade jetzt in unserer Nähe aufhalten, in diesem Moment völlig nebensächlich und uninteressant.

Auch bei diesem Schritt müssen wir von einem einseitigen zu einem zweiseitigen oder ausgewogenen Denken kommen, wobei mehrere Punkte notwendig sind:

- Zunächst müssen wir überlegen, was andere noch denken können; dies kann etwas sein, das mit uns und unserem Verhalten zu tun hat – diesmal über nichts, das negativ ist – oder sich um etwas ganz anderes dreht.
- Auch müssen wir uns für jeden Gedanken, den andere haben könnten, überlegen, wie wahrscheinlich es ist, daß sie genau das denken. Wieder können wir 100 Punkte auf alle möglichen Gedanken, die andere vielleicht haben, verteilen. Haben wir uns nun für alle Gedanken der anderen überlegt, wie wahrscheinlich sie sind und dementsprechend Punkte zugeordnet, stellen wir fest, wie viele Punkte sich dafür ergeben, daß die anderen negativ über uns denken, und wie viele Punkte die andere Seite – keine negativen oder von uns unabhängige Gedanken – bekommen hat.
- Nun können wir abwägen, indem wir die Punktzahlen beider Seiten miteinander vergleichen, wie wahrscheinlich ist es, daß andere etwas Negatives über uns denken, und wie wahrscheinlich ist es, daß sie etwas denken, das neutral oder sogar positiv für uns ist oder mit uns und unserem Verhalten überhaupt nichts zu tun hat.

Ist unser Denken über das, was andere denken, dann ausgewogen, können wir viel öfter, als wir auf den ersten Blick meinen, feststellen, daß wir den Mitmenschen zu voreilig negative Gedanken über uns unterschieben. So trauen wir uns dann vielleicht doch, vor den

Augen anderer vor Neid zu platzen oder mal eine kleine Eifersuchtszene zu veranstalten.

Ein anderer Punkt, in dem unser Denken oftmals zu einseitig ist, betrifft die Kritik, die andere an uns und unserem Verhalten äußern. Zu einseitig denken wir dann, wenn wir die Kritik ausschließlich als etwas Negatives erleben. Wir vergessen dabei, daß Kritik auch hilfreich sein kann; so werden wir vielleicht auf etwas aufmerksam, das uns selbst stört, uns aber noch nicht aufgefallen ist, oder wir etwas lernen, das für uns nützlich sein kann. Deshalb sollten wir überlegen, ob es bei uns schon mal etwas gegeben hat, bei dem uns diese scheinbar so negative Kritik unserer Mitmenschen geholfen hat.

Katastrophen im Kopf, das muß nicht sein

Nicht nur zu einseitiges, sondern auch zu allgemeines Denken löst übergroße Angst vor Ablehnung aus, und zwar deshalb, weil zu allgemeines Denken oftmals in Katastrophen endet, die uns dann ängstigen wie: Wenn mein Kumpel merkt, wie eifersüchtig ich auf den Kollegen bin, mit dem meine Frau öfter auf Dienstreise ist, erzählt er überall, daß ich krankhaft eifersüchtig bin, und es kann mich dann niemand mehr leiden! Wenn ich meiner Freundin gegenüber zugebe, daß ich die Nachbarin um ihren Mann beneide, wird sie allen Frauen im Sprachkurs erzählen, daß ich eine neidische Kuh bin und werde bei allen anderen Frauen verschrien sein als jemand, der keinem anderen auch nur das Schwarze unter dem Fingernagel gönnt!

Notwendig ist, daß wir die aus zu allgemeinem Denken resultierende Befürchtung oder Katastrophe genau durchdenken, ohne die Befürchtung dabei wegzuschieben mit Hilfe irgendwelcher Ausreden. Wie kann man aber nun das Denken konkret machen? Konkreter wird es dadurch, daß wir uns zu dem Befürchteten viele Fragen stellen.

Für das oben genannte Beispiel der Frau, die ihre Nachbarin um den Mann beneidet und fürchtet, bei allen Frauen im Sprachkurs als neidische Kuh verschrien zu sein, könnten das Fragen solcher Art sein:

- Welcher Freundin erzähle ich es?
- Wie wahrscheinlich ist es, daß sie daran Anstoß nimmt?
- Wie wahrscheinlich ist es, daß sie im Sprachkurs davon erzählt?
- Wie wahrscheinlich ist es, daß sie sagt, ich sei eine neidische Kuh, die anderen nicht einmal das Schwarze unter dem Fingernagel gönnt?
- Wie werden das die anderen Frauen im Sprachkurs finden?
- Wie wahrscheinlich ist es, daß diese Personen ihr genau das glauben?
- Wie wahrscheinlich ist es, daß mich dann keine von ihnen mehr leiden kann?

Wie wichtig sind die Frauen für mich, die mich dann nicht mehr leiden können? All diese Fragen beantworten wir vor dem Hintergrund dessen, was wir wissen, so genau wie möglich. Einige in diesem Beispiel zuletzt gestellte Fragen könnten wie folgt konkret beantwortet werden: Erzählen wird es die Freundin mit 60prozentiger Wahrscheinlichkeit Frau A, B, C, D, E, F, G, H, I. Mit 100prozentiger Sicherheit werden ihr Frau A, B und H nicht glauben. Frau G wird mich mit 50prozentiger Wahrscheinlichkeit schief ansehen, und dann grinsen. Frau F. wird garantiert nur grinsen. Frau I wird mich ebenso wie Frau E mit 80prozentiger Wahrscheinlichkeit nicht mehr leiden können. Um Frau I ist es schade, mit ihr lerne ich gerne Vokabeln; Frau E ist mir ohnehin unsympathisch. Frau D, erzählt selbst öfter, daß sie manchmal vor Neid platzen könnte. Frau J mag mich mit 99prozentiger Wahrscheinlichkeit, weil sie mit mir über Probleme sprechen kann, und das ist für sie ganz sicher wichtiger als das, was meine Freundin über mich sagt.

Durch so konkretes Denken kommen wir vielfach zu dem Schluß, daß die befürchtete Katastrophe nicht oder mit geringerer Wahrscheinlichkeit eintreten wird. Zudem hilft es uns, Bewältigungsstrategien aufzubauen für den Fall, daß doch etwas für uns Ungünstiges passiert. So könnten wir bei dem beschriebenen Beispiel überlegen:

- Wie können wir der Freundin erklären, warum wir die Nachbarin um ihren Mann beneiden?
- Was können wir tun, wenn sie im Sprachkurs davon erzählt?
- Was können wir sagen, wenn uns jemand beschimpft als neidische Kuh, die anderen nicht einmal das Schwarze unter dem Fingernagel gönnt? usw.

Mit Hilfe konkreten Denkens kommen wir zu einer realistischeren Beurteilung dessen, was uns passieren kann sowie zu geeignetem Bewältigungsverhalten.

Warum immer nett sein, ohne Rücksicht auf Verluste?

Eine weitere wichtige Ursache zu großer Angst vor Ablehnung ist die, daß wir meinen, immer Verhaltensregeln einhalten zu müssen, Regeln also, die uns sagen, daß wir immer nett, immer freundlich und immer höflich sein müssen. Solche Regeln haben wir alle von der Kindheit an gelernt. Damit es uns gelingt, uns genau so zu verhalten, wie die Verhaltensregeln es uns vorschreiben, haben wir weitere untergeordnete Regeln, die wiederum festlegen, was wir zu tun oder zu unterlassen haben.

Es ist wichtig, nett und höflich zu sein, jedoch stimmt das nicht überall und immer. Falsch werden solche Verhaltensregeln durch die kleinen, hier aber maßgebenden Wörtchen IMMER und NIE.

Bemühen oder zwingen wir uns gar, solche zu allgemeinen Verhaltensregeln immer und überall einzuhalten, kostet uns das oft eine ganze Menge. Gemeint sind damit nicht die finanziellen Kosten, die oftmals nur das kleinere Übel sind, angesprochen ist vielmehr das, was wir in Kauf nehmen, wenn wir unsere Gefühle ständig runterschlukken müssen, deren Auslöser mit der Zeit schon nicht mehr wahrnehmen, nicht um das kämpfen, was uns wichtig ist und zusteht. Diese Nachteile sind es, die oftmals die schwerwiegenderen Kosten unseres IMMER-NETTSEINS, IMMER-FREUNDLICHSEINS und IMMER-PERFEKTSEINS darstellen. Das muß aber nicht sein; und schon gar nicht in einer so übertriebenen und unnötigen Häufung wie wir sie heute beobachten können.

Was ist aber dann dagegen zu tun? Ebenso unsinnig wäre es, unser Verhalten ins Gegenteil zu verkehren und unfreundlich, rücksichtslos, exzessiv neidisch oder eifersüchtig, zum Konkurrenten von jedermann – oder auf andere Art übertrieben gegenteilig zu werden. Damit uns das nicht passiert, müssen wir auch hier einige Überlegungen anstellen.

Wichtig ist es beispielsweise darüber nachzudenken:

- Unter welchen Umständen sind welche Verhaltensregeln für uns selbst und andere tatsächlich nützlich?

- Bei welchen Personen sind wir in welcher Situation bereit, welche Nachteile unseres Immer-Nettseins, Immer-Freundlichseins, Immer-Perfektseins in Kauf zu nehmen?
- Was widerfährt uns bei welchen Personen, wenn wir gegen welche Verhaltensregel verstoßen? Welche negativen Konsequenzen haben wir bei welchem Verstoß von wem konkret zu erwarten? Sind wir bereit diese zu tragen?

Solche Überlegungen müssen wir für uns ganz persönlich so genau wie möglich anstellen. Sofern sie konkret genug sind, helfen uns diese Überlegungen, zu allgemein formulierte Verhaltensregeln konkret zu machen und unsere Angst zu mindern.

Zu allgemeine Verhaltensregeln sind häufig verbunden mit zu allgemeinen oder zu hohen Ansprüchen an das, was bei unserem Verhalten herauskommen soll. Bei zu starker Angst vor Ablehnung ist das in aller Regel ein Anspruch derart: Alle Menschen müssen mich mögen! Dieser Anspruch wird zu hoch und deshalb falsch durch das Wörtchen alle und ist unbedingt hinterfragenswürdig. Um dies zu erreichen können wir beispielsweise Fragen folgender Art für uns höchstpersönlich so konkret wie möglich beantworten:

- Gibt es überhaupt irgendjemanden, der von allen Menschen gemocht wird?
- Was bringt es mir, wenn mich jeder mag? Was muß ich auf mich nehmen, um das zu erreichen? Will ich all das in Kauf nehmen?
- Welche Personen sollten mich unbedingt mögen? Was muß ich dafür tun? Will ich das auf mich nehmen?

Welche Verluste muß ich konkret in Kauf nehmen, wenn mich Herr X oder Frau Y nicht mag und kann ich das auch von jemand anderem bekommen?

Urteile anderer sind wichtig, aber nicht alles entscheidend

Oftmals ist unsere Angst vor Ablehnung auch deshalb zu stark, weil wir uns selbst zu wenig mögen, unser Selbstwert gering ist und wir deshalb zu sehr abhängig sind von der Anerkennung anderer. Wie können wir aber nun unabhängiger werden von den Urteilen anderer über uns?

Zunächst müssen wir für uns selbst ermitteln, welche Qualitäten wir haben, wobei wir an alles denken müssen, was in der einen oder anderen Form zu uns gehört – an Eigenschaften, Fähigkeiten, Verhaltensweisen, Aussehen, Kleidung usw. Alle Qualitäten, die uns dabei einfallen, sollten wir schriftlich festhalten, damit sie uns nicht gleich wieder verlorengehen oder uns nicht mehr einfallen, wenn wir fürchten, daß irgendjemand etwas Negatives über uns sagt oder denkt. Beim Erstellen unserer Qualitätenliste sollten wir uns Zeit lassen und diese nach und nach erstellen, sie ergänzen, wenn uns etwas einfällt, denn meistens geschieht dies bei diversen Gelegenheiten im täglichen Alltag. Praktisch ist es, unseren Qualitätenzettel an einem Ort zu deponieren, den wir häufig sehen z. B. neben das Telefon oder an den Kühlschrank. Anschließend müssen wir prüfen, ob es sich bei den Qualitäten, die uns eingefallen sind, um etwas handelt, das wichtig ist. Stellen wir solche Überlegungen nicht an, besteht die Gefahr, daß wir uns voreilig so etwas sagen wie: Das ist ja alles nicht so wichtig! Was zählt das schon! Das ist doch selbstverständlich!

Wissen wir für uns selbst, was wir uns selbst- und nicht zuletzt im Zusammenleben mit anderen – wert sind, läßt uns dies in vielem, was wir tun, selbstsicherer und damit von dem Urteil anderer unabhängiger werden; was natürlich nicht bedeutet, daß uns die Meinung anderer nicht mehr zu interessieren braucht.

10 Exzessive sexuelle Eifersucht

Bisher haben wir festgestellt, wo wir Rivalität, Neid und Eifersucht täglich überall erleben, wobei wir uns in der Hauptsache unauffällige Formen angesehen haben. Hier geht es nun um einige Auffälligkeiten und Störungsbilder, die unsere Angst vor natürlichen Rivalitäts-, Neid- und Eifersuchtsgefühlen in einem solchen Maße steigern, das uns veranlaßt, selbige Gefühle am liebsten unter den Teppich kehren zu wollen, was aber nun mal nicht funktioniert, sondern unter anderem das Auftreten der angstauslösenden Auffälligkeiten oder Krankheitsbilder eher noch begünstigt, wobei Hemmungs-, Verschiebungs-, Unterdrückungs- und diverse andere Kontaminationsprozesse wirksam sind.

Weil wir im Rahmen dieses Sachbuches nicht alle im Zusammenhang mit Rivalität, Neid und Eifersucht relevanten Auffälligkeiten und Störungsbilder unter die Lupe nehmen können, haben wir beide die exzessive sexuelle Eifersucht ausgewählt, die uns im Alltag häufig begegnet, mit denen viele von uns oft leidvolle Erfahrungen gesammelt haben.

Auffällige oder gar pathologische Eifersucht, bei der dieses Gefühl unangemessen stark oder häufig auftritt und in keinem Verhältnis steht zu dem objektiv gegebenen oder zu erwartenden Auslösern, kann durch eine Vielzahl von Bedingungen und Bedingungskonstellatio-

Abb. 41. Wahnhaft oder exzessiv ist die Eifersucht nicht nur dann, wenn wir unablässig die Telefonzelle vor unserem Haus überwachen, weil die Gattin bzw. der Gatte von dort mit dem vermeintlichen Kurschatten vom letzten Jahr telefonieren könnte.

nen begünstigt sein (Abb. 41). Viele der Bedingungen und Bedingungskonstellationen müssen als Determinanten einer zu starken Verlustangst, einer übergroßen Angst vor dem Verlust des Partners gelten.

Geringes Selbstwertgefühl

Mit einer pathologischen, weil zu ausgeprägten und unangemessenen Neigung zur Eifersucht geht häufig ein geringes Selbstwertgefühl einher. Nicht nur, daß sich der Eifersüchtige geringer einschätzt aufgrund der Tatsache, daß er Eifersucht empfindet - dies kann infolge einer lange Zeit praktizierten Eifersuchtsverteufelung hinzukommen; vielmehr kann ein geringes Selbstwertgefühl eine Aufblähung und Eskalation gesunder Eifersucht herbeiführen. Klar ist, daß wir, schätzen wir uns selbst ungünstig ein, kaum davon ausgehen können, daß uns unser Partner sicher ist und schätzen auch in einem solchen Falle die Chancen, einen neuen Partner zu finden, als gering ein. Geringes Selbstwertgefühl verstärkt also unsere Verlustangst, was sowohl aufgrund der höher eingeschätzten Wahrscheinlichkeit für einen Verlust als auch wegen der mit größerer Sicherheit erwarteten verheerenden Folgen eines solchen Verlusts (vielleicht für immer und ewig alleine zu bleiben) geschehen kann. Durch hohe Selbstunsicherheit wird die Verlustangst nicht nur innerhalb einer Partnerschaft geschürt, sondern allgemein in sozialen Beziehungen oder Interaktionen. Ursächlich dafür ist die Annahme des Selbstunsicheren, nicht oder zuwenig zu der Interaktion beitragen zu können, weil er nichts oder wenig zu bieten habe. Diese Wirkung von Selbstunsicherheit ist nicht nur im Alltag vielfach zu beobachten, sondern läßt sich auch aus psychologischen Theorien ableiten. Da gibt es in der Sozialpsychologie die sog. Equity- Theorie, die besagt, daß alle an einer sozialen Beziehung beteiligten Personen danach trachten, aus der Interaktion einen gleichen Gewinn abzuschöpfen; in unausgeglichenen Interaktionen kommt es zu Unbehagen und damit zu dem Streben, dieses zu beseitigen, indem Ausgleich geschaffen wird. Auch aufgrund der Austauschtheorie, die das Streben nach Maximierung der positiven Konsequenzen - d.h. der Nettobelohnungen (Bruttobelohnungen abzüglich der Kosten) postuliert, stehen die Chancen aus der Sicht desjenigen, dessen Selbstwertgefühl gering ist, schlecht. Was er dem Partner an Bruttobelohnungen (Liebe, Informationen, Status) geben zu können glaubt, das ist schon wenig; werden dann der Theorie folgend auch noch die Kosten abgezogen, die gerade der Selbstunsichere verursacht (Kosten entstehen beispielsweise bei Abwertung, Beleidigung, Angst, Verwirrung), bleibt dem Partner netto wenig übrig, so daß er allen Grund hätte, sich aus dem Staub zu machen.

Besteht ein geringes Selbstwertgefühl, das sich unter anderem in einer geringen Sicherheit hinsichtlich der eigenen Attraktivität niederschlägt, ist mit einer noch verstärkten Eifersucht dann zu rechnen, wenn gleichzeitig ein stark ausgeprägtes Besitzstreben, das als solches die Verlustangst verstärkt, bei dem Selbstunsicheren vorhanden ist.

Eifersuchtsverhalten des Selbstunsicheren

Eine andere, von dem oben Gesagten nicht unabhängige Ursache zu starker Eifersucht liegt in dem Verhalten des Selbstunsicheren und pathologisch Eifersüchtigen: Ständiges Fragen, Vergleichen, Einfordern von Treueschwüren und Liebesbekenntnissen können das Leben zur Hölle machen. Solches Verhalten des Selbstunsicheren saugt die Energien der Beteiligten so auf, daß das Befürchtete wahr wird (selbsterfüllende Prophezeihung), die große Verlustangst, zumindest auf Dauer, gar nicht mal so unbegründet und der Selbstunsichere mit Fug und Recht in hohem Maße eifersüchtig ist.

Isolation und Fixierung auf den Partner

Das Phänomen der sozialen Isolierung hier näher zu beschreiben erübrigt sich, da wir wohl alle, wenn auch in unterschiedlichem Maße, davon betroffenen sind und dies bis zu einem gewissen Grad auch wahrnehmen. Einige Faktoren für die Verödung des sozialen Lebens wurden in anderen Kapiteln bereits betrachtet; hier anschließen können wir eine Reihe von Faktoren, die mit den bereits genannten in Zusammenhang stehen:

- der Fernseher, das Radio und das Buch, die uns davon entbinden, zum Zwecke der Zerstreuung Orte mit Kontaktmöglichkeiten aufzusuchen (Restaurants, Tanz-, Schau- und Sportveranstaltungen, Vereine, Kinos, Theater), die also verbindendes Geschichtenerzählen, Musizieren, Vorspielen usw. durch anonyme Berieselung ersetzen;
- das Telefon, das zwar der Kontaktaufnahme dient, zugleich aber auch persönliche Zusammenkünfte vielfach überflüssig werden läßt, und der Anrufbeantworter, der es gestattet, Nachrichten zu hinterlassen und zu empfangen, ohne direkt mit jemandem gesprochen zu haben;
- der Streß und die Hektik an vielen Arbeitsplätzen, die uns abends erschöpft und vom Tagwerk bedient auf das Sofa und vor den Fernseher sinken lassen;
- die isolierte Arbeit, bei der Kontakt zu Kollegen, Vorgesetzten, Kunden, Klienten, Patienten, Mandanten und anderen fehlt;
- die Trennung von Arbeits- und Freizeitbereich, die ein Zustandekommen engerer Beziehungen zwischen den Menschen, die einen Großteil ihrer täglichen Wachzeit am Arbeitsplatz miteinander verbringen, wesentlich erschwert oder gar verhindert wird;
- die mit einer ausgeweiteten Mobilität verbundene Fluktuation in der Arbeitswelt, die bewirkt, daß gewachsene netzförmige Sozialstrukturen zerrissen und überführt werden in sternförmige Sozialstrukturen, die nur bedingt existenzfähig sind und in ihren konkreten Sozialformen das Gesellungsbedürfnis nur mit extremen Einschränkungen befriedigen.

Soziale Isolation und die so zustandekommende Einsamkeit machen krank – exzessive Eifersucht, Depressionen (bis hin zur Suizidalität), Ängste (bis hin zu schwerwiegenden Angststörungen), psychosomatische Beschwerden (von leichtem Spannungskopfschmerz bis hin zu Krebserkrankungen) und andere Gesundheitsprobleme entstehen.

So müßten wir doch nun unendlich dankbar sein, daß es unsere Partner bzw. Ehepartner gibt, die uns vor der Einsamkeit und Isolation bewahren. Aber das ist mehr eine Illusion, denn Ehepartner stellen einen ungeheuren Risikofaktor für soziale Isolation dar. Wohl die meisten Paare sind nach drei bis fünf gemeinsamen Jahren am sozialen Nullpunkt angelegt.

Dem modernen mitteleuropäischen und nordamerikanischen Gatten gelingt das, was selbst Südländer nicht schaffen, die Frau selbst von ihren Geschlechtsgenossinnen zu isolieren. Um dies zu erreichen leisten sein trauriger Nach-Arbeits-Blick am Feierabend, Vorwürfe oder direkte Verbote sowie Miesmacherei der Freundin gute Dienste. Hinzu kommt, daß die Geburt eines und weiterer Kinder sowie das damit verbundene zeitweilige oder endgültige Ausscheiden aus dem Arbeitsprozeß der Frau und Mutter ihre letzte soziale Krücke raubt. Das Hausfrauendasein muß als wichtigstes Beispiel für extreme Isolation im Arbeitsbereich gelten oder, noch krasser gesagt, als Haft unter verschärften Bedingungen (Isolationshaft). In der Berufswelt des Mannes findet sich wohl kein Job, der mit einer derartigen sozialen Isolation verbunden ist. Verstärkt wird diese Frau-und-Mutter-Isolation durch die heutigen Lebens- und Wohnbedingungen.

Nun sind es aber keinesfalls nur die Männer, die ihre »besseren Hälften« in die Isolation treiben. Auch die Damen sind keineswegs untätig, wenn es darum geht, den Partner am heimischen Herd zu halten. Ihnen gefällt das

Kartenspielen mit alten Kumpeln meist ebensowenig wie die ihrer Ansicht nach sinnlose Trinkerei bei der Feuerwehr und nach dem Fußball; wobei die Ablehnung dieses Treibens noch verschärft ist, wenn sich ausnahmweise eine andere Frau in die Männerrunde gesellt. Auch die Frauen beherrschen diese Miesmacherei, hier der Freunde des Gatten, die leider meist den niedrigen Charakter von Zechbrüdern, Schmarotzern und Widerlingen haben. Da sieht die Gattin doch beim besten Willen nicht ein, daß sie auch noch den lieben langen Abend und das heißersehnte Wochenende lang, in den Zeiten also, in denen sich der Herr nicht mit seinem tagfüllenden Beruf befaßt, alleine zu Hause hockt.

Daraus ergibt sich ein circulus-vitiosisches Wechselspiel, ein teuflisches Aufschaukeln von zunehmender eigener Isolation eines Partners, dessen Angst vor Kontakten des anderen Partners sowie Eifersucht auf die dieselben.

Einerseits fördert exzessive Eifersucht soziale Isolation, andererseits begünstigt soziale Isolation exzessive Eifersucht. Mit zunehmender sozialer Isolation eines Partners geht einher, daß sich dieser in verstärktem Maße auf den einzigen Sozialpartner (den Liebes- oder Ehepartner) fixiert und immer mehr einzig und allein von dessen Zuwendung, Aufmerksamkeit, Anwesenheit, Gesprächsbereitschaft usw. abhängig wird. Je stärker die Fixierung und Abhängigkeit ist, um so stärker wird die Angst vor dem Verlust des letzten sozialen Stützpfeilers; verstärkte Verlustangst bringt nun wieder Eifersucht in einem gesteigerten Maße hervor, was so weit gehen kann, daß jeglicher Kontakt des Partner mit anderen, insbesondere mit Personen des anderen Geschlechts, als Hinweis darauf gewertet wird, daß der Partner verlorenzugehen droht. Durchaus nachvollziehbar und berechtigt ist diese Angst, denn der Wegfall der einzigen sozialen Krücke bringt im Leben des Verlassenen ein Loch unendlicher Tiefe und unendlichen Umfangs hervor.

Was ist aber möglich, um die soziale Isolation als Eifersucht fördernden Faktor, wenn er schon nicht auszuschalten ist, wenigstens zu mildern? Was wir brauchen, daß ist ein Zurück zu aktiven, haltbaren, verläßlichen und breiten sozialen Netzwerken. Gar nicht so einfach ist es aber heute, solche sozialen Strukturen aufzubauen, jedoch nicht unmöglich. Die Ausweitung von Freizeitaktivitäten, auch der Hausfrau und Mutter, sowie vermehrte Kontaktaufnahme sind gefragt; dazu bietet sich vielerlei an: Schaffen von Hobbies, Eintreten und Gründen von Vereinen, Teilnahme an Kursen, Mitarbeit in Gremien und Organisationen, Clubs und andere Runden ins Leben rufen, Einladungen aussprechen und Feste organisieren, und nicht zu vergessen, was sich leider nicht von selbst versteht, die alltäglichen Kontakte beim Klatsch und Tratsch.

Sind wir nun hochmotiviert, unseren Aktivitätsspielraum zu erweitern und soziale Kontakte zu knüpfen sowie selbige zu pflegen, reicht dies nicht immer aus, um soziale Isolation zu mindern; denn das, was wir uns da vorgenommen haben, kann erschwert werden durch eine Reihe weiterer Faktoren, die ihrerseits einer (therapeutischen) Veränderung bedürfen - so beispielsweise:

- Nichterlernen adäquaten Sozialverhaltens;
- Erlernen inadäquaten Sozialverhaltens (Dissozialität);
- Entwicklung sozialer Ängste, wobei der Angst vor Ablehnung eine herausragende Bedeutung zukommt;
- negatives Selbstwertgefühl;
- Absinken sozialer Kontakte unter das Existenzminimum, so daß die soziale Isolation fortgeschritten

ist bis zu einem Punkt, der vergleichbar ist mit der Situation eines Verhungernden, der bereits keine Nahrung mehr möchte, ja sogar regelrecht eine Abneigung dagegen hat, was bedeutet, daß der sozial Isolierte unter des Existenzminimums sozialer Aktivitäten und Kontakte solchen Unternehmungen lustlos und ablehnend gegenübersteht.

Übersteigerte Abhängigkeitsbestrebungen aufgrund diverser Unsicherheiten

Durch soziale Isolation kommt es zur Fixierung auf den Partner und damit verbunden zur Abhängigkeit von ihm, seiner Zuwendung und Aufmerksamkeit. Dies ist jedoch keineswegs die einzige Form von Abhängigkeit, die exzessive Eifersucht fördert:

- materielle Versorgung;
- eigene Hilflosigkeit im Umgang mit alltäglichen Belangen (Behörden, Vermietern usw.);
- Definition des eigenen Selbstwerts ausschließlich über die vom Partner vermittelte Anerkennung;
- Integration in Sozialverbände ausschließlich durch den Partner.

Problematisch mit diesen Abhängigkeiten wird es insbesondere dann, wenn sie lediglich bei einem Partner bestehen. Zwar hat uns die Natur mit der Fähigkeit ausgestattet, dauerhafte, unter Umständen sogar lebenslange Bindungen einzugehen, jedoch ist strikte Monogamie nur unter Zwang, unter dem Druck sozialer und ökonomischer Notwendigkeiten durchsetzbar. Fallen solche Notwendigkeiten weg, brechen Ehen, wie uns die steigenden Ehescheidungsraten zeigen, massenhaft auseinander. Allenthalben können wir beobachten, daß es in vielen Fällen auseinandergegangener Partnerschaft für eine Trennung bereits ausreichend war, daß materielle und soziale Notwendigkeiten einer Beziehung nicht oder nicht mehr für beide Partner gleichermaßen bestanden.

Obwohl wir beide hier natürlich keinesfalls Zerfall und Zerrüttung von Partnerschaften heraufbeschwören wollen, müssen wir feststellen, daß Partnerschaften aufrechterhaltende Notwendigkeiten zunehmend weniger werden; verwiesen sei hier nur auf die Stichworte Emanzipation der Frau im Beruf und gesellschaftlichen Position, Emanzipation des Mannes innerhalb häuslicher Belange. Fällt ökonomischer und sozialer Druck zur Aufrechterhaltung von Partnerschaften immer mehr weg, nützt uns auch eine noch so exzessive Eifersucht nichts – trotzdem oder gerade deshalb, kann es zu Trennungen kommen. Wir können nur zu dem Schluß kommen, daß es, um einer exzessiven Eifersucht vorzubeugen oder selbige zu mildern, hilfreich ist für beide Partner, in möglichst vielen Bereichen ein gewisses Maß an Eigenständigkeit zu bewahren, also einen eigenen Freundes- und Bekanntenkreis, eigene Hobbies und Interessen und eine gewisse materielle Unabhängigkeit (z. B. bei Frauen das Schaffen einer beruflichen Basis, bevor Kinder kommen).

Einseitiges Denken

Ist das Denken einseitig, passiert es leicht, das jede auch noch so harmlose Kontaktaufnahme (in der Form eines Lächelns, eines kleinen Flirts, einer Höflichkeit, eines Gesprächs) des Partners zu einer andersgeschlechtlichen Person oder einer andersgeschlechtlichen Person zu unserem Partner als Anhaltspunkt dafür gewertet wird, daß sich da etwas anbahnt, und wir Aufmerksamkeit und

Zuwendung des Partners oder sogar ihn selbst verlieren werden. Klar ist, daß wir mit einem so einseitigen Denken und einer daraus resultierenden übersteigerten Verlustangst tagtäglich zuhauf auf Auslöser für unsere Eifersucht stoßen. Dies hat nun wieder zur Folge, daß eine Partnerschaft für alle Beteiligten auf Dauer zu einer Hölle auf Erden werden kann, der Eifersüchtige an nichts anderes mehr denken kann als daran, welche Verfehlung sich der Partner als nächstes leisten wird.

Was muß aber nun geschehen, damit es dazu nicht kommt? Auch hier muß aus dem übertriebenen, wahnhafte Eifersucht fördernden einseitigen wieder ein ausgewogenes Denken werden. Eine solche Veränderung unseres Denkens bzw. unserer Interpretation von Situationen erreichen wir durch verschiedene Schritte.

Zunächst einmal ist es notwendig, zu überlegen, welche Möglichkeiten es noch gibt, warum die Situation so ist, warum der Partner in dieser oder jener Form Kontakt zu einer anderen Frau / zu einem anderen Mann hat oder aufnimmt. Außer der Möglichkeit, daß uns ein wie von uns befürchteter Verlust ins Haus steht, gibt es in aller Regel eine Fülle alternativer Erklärungsmöglichkeiten für das, was da passiert. Solche Erklärungsmöglichkeiten sollten wir uns für die jeweils gegebene Situation überlegen (wir sehen den Partner mit einer anderen Frau im Restaurant, die Gattin wird von einem uns unbekannten Mann angerufen).

Im folgenden können wir überlegen, wie wahrscheinlich ist es, daß jede einzelne Erklärungsmöglichkeit, die uns eingefallen ist, zutrifft. Es kann hilfreich sein, wenn wir jeder Erklärungsmöglichkeit (der Partner sitzt zusammen mit einer anderen Frau im Restaurant, weil er ein Verhältnis mit ihr hat oder anfangen will; kein anderer Tisch frei war; er mit einer Arbeitskollgin in Ruhe über eine berufliche Angelegenheit reden möchte;

er diese Klassenkameradin aus der Realschulzeit zufällig in dem Restaurant getroffen hat) entsprechend der für sie ermittelten Wahrscheinlichkeit eine Punktzahl von 0–100 zuordnen.

Im nächsten Schritt müssen wir die Wahrscheinlichkeiten dafür abwägen, ob das, was geschieht, uns den Verlust von Zuwendung und Aufmerksamkeit des Partners oder gar seinen eigenen Verlust beschert, und ob die Sache in dieser Hinsicht ungefährlich ist. Zu diesem Zweck summieren wir die für diese beiden Seiten unseres Denkens ermittelten Wahrscheinlichkeiten jeweils auf. So stellen wir öfter, als es uns bei unserem einseitigen Denken in den Sinn käme, fest, daß die Sache doch wohl ziemlich harmlos ist, wir keine Verlustangst haben müssen und wir auch unsere Eifersucht nicht brauchen.

Dieses auf den ersten Blick vielleicht etwas umständlich erscheinende Vorgehen verhilft uns zu einer realistischer Einschätzung der Bedrohlichkeit Eifersucht auslösender situativer Bedingungen, mindert darüber übersteigerte Verlustangst und fördert so ein den tatsächlichen Gegebenheiten entsprechendes Erleben von Eifersucht. Nun gibt es selbstverständlich auch die Möglichkeit, das wir bei diesem Vorgehen zu dem Schluß kommen, daß der von uns befürchtete Verlust mit hoher Wahrscheinlichkeit eintreten wird; sind wir durch ausgewogenes Denken zu diesem Ergebnis gelangt, ist es oftmals leichter für uns, Eifersuchtsgefühle zu erleben und Eifersuchtsverhalten zu zeigen, ohne uns dafür gleich schämen oder deshalb ein schlechtes Gewissen haben zu müssen, denn so sehen wir unsere Eifersucht eher als berechtigt an, wodurch wir unser Bemühen, dem sehr wahrscheinlich drohenden Verlust vorzubeugen, eher legitim empfinden.

Katastrophengedanken

Ein zu allgemeines Denken endet oftmals in uns ängstigenden Katastrophengedanken, die unsere Verlustangst und mit dieser unsere Eifersucht bis hin zu Exzessen steigern (Abb. 42): Wenn sie mir den Mann wegnimmt, bin ich ganz alleine auf der Welt! Wenn ich meine Frau verliere, werde ich nie wieder glücklich sein können! Verliere ich meinen Mann, stehe ich ohne einen Pfennig Geld da! Verliere ich meine Frau, werde ich mit ihr auch meine Kinder für immer verlieren!.

Um aus solchen Katastrophengedanken resultierende wahnhafte Eifersucht zu mildern, ist es notwendig, das zu allgemeine Denken konkreter zu machen. Dies gelingt uns, indem wir uns mit dem Verlust und der von uns befürchteten Katastrophe konfrontieren und uns dazu Fragen stellen, die wir für uns ganz persönlich so konkret

Abb. 42. »Wenn mich meine Geliebte wegen eines jüngeren Mannes verläßt, ist das Leben für mich zu Ende, es bringt mich auf den Friedhof!«

wie möglich beantworten. Wir sehen uns das hier mal anhand des folgenden Katastrophengedankens an: Wenn ich meinen Mann verliere, werde ich nie wieder einen solchen Mann finden! Wir können uns zu dieser Katastrophe beispielsweise fragen: Was geht mir mit dem Verlust meines Mannes verloren? Welche Eigenschaften, Fähigkeiten, Verhaltensweisen hat er, die ich schätze? Was hat er, wodurch ich mit ihm glücklich bin? Was gibt er mir, das ich brauche? Wie wahrscheinlich ist es, daß es noch andere Männer gibt, die das haben und mir das geben können, was ich verliere? Wie wahrscheinlich ist es, daß ich andere Männer kennenlerne? Wie wahrscheinlich ist es, daß ich mit einem solchen Mann eine neue Beziehung eingehe? Gibt es auch andere Menschen (z. B. im Freundes- und Bekanntenkreis), die mir etwas von dem geben können, was ich von meinem Partner dann nicht mehr bekomme? Werde ich zu diesen Freunden oder Bekannten noch Kontakt haben, wenn ich meinen Partner verloren habe? Was gewinne ich, wenn ich meinen Partner an eine andere Frau verliere?

Fragen solcher Art und deren Beantwortung helfen uns, zu allgemeines oder katastrophisierendes Denken zu konkretisieren, wodurch wir tatsächliche Gefahren realistischer einschätzen können, was in vielen Fällen übergroße Verlustangst mildert und darüber exzessive Eifersucht auf ein Ausmaß reduziert, das der realistischerweise zu erwartenden Bedrohung entspricht; zudem ist ein so konkretes Denken geeignet, für den Fall der Fälle adäquates Bewältigungsverhalten aufzubauen (Kontakt zu Freunden und Bekannten halten, auch mal nach anderen Männern Ausschau halten, statt jeden Mann wie die Pest zu meiden).

Liebesmärchen und Verhaltensregeln

Um welche Verhaltensregeln geht es? Die Rede ist von Aussagen, die Regelcharakter haben, und uns kundtun, wie sich eine Partnerschaft zu gestalten hat und wie sich die Partner gegenüber dem jeweils anderen zu verhalten haben. Sehen wir uns zunächst einmal einige der nicht selten übertriebenen Eifersucht fördernden Verhaltensregeln an:

- Verliebt, verlobt, verheiratet – bis der Tod uns scheidet.
- Ausschließlich der Partner ist für das Glück und Wohlergehen seines Partners verantwortlich.
- Niemals darf es andere Frauen/Männer geben.
- Wer andere Frauen/Männer ansieht, liebt nicht wirklich.
- Der erste Seitensprung ist das Ende der Beziehung.

Wie Liebesmärchen oder -mythen muten diese Verhaltensregeln an. Das Fatale an diesen Regeln ist, daß sie zu allgemein formuliert sind, und deshalb scheinbar auf Biegen und Brechen eingehalten werden müssen.

Um aus solchen und anderen zu global formulierten Verhaltensregeln resultierende exzessive Eifersucht zu mindern, müssen die jeweils zugrundeliegenden Verhaltensregeln konkretisiert werden. Dies schaffen wir, indem wir die entsprechenden Regeln für uns persönlich hinterfragen. So können wir uns beispielsweise zu der Regel »Der erste Seitensprung ist das Ende einer Beziehung!« fragen: Welcher Seitensprung (eine einmalige Verführung durch eine andere Frau, ein monatelang währendes Verhältnis mit einer anderen Frau ...) ist für mich so schlimm, daß ich die Beziehung beende? Unter welchen Bedingungen könnte ich Nachsicht walten lassen? Könnte mir selbst so etwas auch passieren? Passiert es mir, wie wäre es dann für mich, wenn der Partner die Beziehung nur deshalb auflöst? Was würde es mir bringen, die Beziehung wegen eines Seitensprungs des Partners zu lösen? Würde ich durch eine Trennung mehr gewinnen oder verlieren?

Persönliche Versagung und Projektion

Exzessive Eifersucht kann entstehen, wenn eigene Wünsche nach Ablösung vom Partner, nach Freiheit und nach Erfahrungen auf den Partner projeziert werden. In der psychotherapeutischen Praxis sowie im nachbarschaftlichen Klatsch und Tratsch stoßen wir gar nicht selten auf das Phänomen, daß ein wegen des tatsächlichen oder eingebildeten Seitensprungs des Partners Eifersüchtiger durchaus selbst untreu sein kann. Wer also selbst eine Neigung zu Seitensprüngen hat, verdächtigt auch seinen Partner ähnlicher Absichten. Was wir aber uns selbst nicht erlauben, das wollen wir auch unserem Partner nicht zugestehen; vielmehr passen wir höllisch auf, daß der Partner nichts in dieser Richtung unternimmt, denn täte er es doch, wäre der eigene Verzicht ja schließlich vergeblich. Dieser Prozeß vollzieht sich im allgemeinen nicht bewußt. Würde es bewußt geschehen, wären die eigenen Wünsche zum einen viel zu bedrohlich und würden sich zum anderen sehr wahrscheinlich einen Weg zu ihrer Realisierung suchen, so daß es erst gar nicht zu dieser exzessiven Versagung käme. In der psychotherapeutischen Praxis finden sich dementsprechend Fälle, in denen der Eifersüchtige, nachdem er selbst ein außereheliches Abenteuer hatte, von seinem quälenden Gefühl befreit war.

Gesteigerte Eifersucht aufgrund *persönlicher Versagung* und *Projektion* kann bevorzugt bei geringem Selbstwertgefühl auftreten. Der Selbstunsichere lebt eigene Wünsche noch nicht einmal ansatzweise aus, weil er entweder überstarke Verlustangst hat (wenn es rauskäme) oder sich selbst gar nicht zutraut, daß er für andere attraktiv sein könnte.

Um die persönliche Versagung und Projektion und die daraus resultierende exzessive Eifersucht zu mildern, sollten wir lernen, es uns zu erlauben, eigene Wünsche und Bedürfnisse auszuleben, und zwar in den Grenzen, die eigene Scham und Schuldgefühle als Widersacher oder natürliche Antagonisten eines übersteigerten sexuellen Expansionsbedürfnisses sowie die Eifersucht des Partners abstecken.

Eigene Trennungsbestrebungen

Gelegentlich kommt es zur wahnhaft übersteigerten Eifersucht auch aus einem der Verlustangst diametral entgegengesetzten Grund; dabei ist der Antrieb die Suche nach einer Legitimation zur Beendigung oder Lockerung der Beziehung (Abb. 43).

Wer selbst nicht die Kraft findet, eine unbefriedigend gewordene Beziehung zu beenden, kann auf diese Art und Weise dem Partner die Entscheidung zuspielen. Dieser Prozeß vollzieht sich innerhalb eines Spannungsfelds zwischen zwei sich widersprechenden Bestrebungen:

- selbst nicht der Böse sein zu wollen, der den anderen vor die Tür setzt, und sich damit Schuld aufzuladen sowie den Rückzug zu verbauen;
- nicht der Erniedrigte, Machtlose sein zu wollen, der vor die Tür gesetzt wird und im Falle eines Rück-

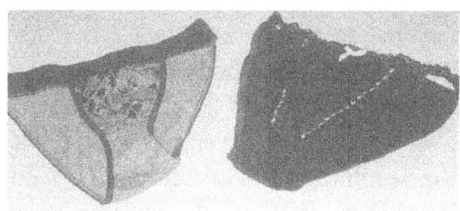

Abb. 43. Wer suchet der findet. – Vielleicht ist es die ungewöhnliche neue Wäsche der braven Ehefrau, die als Beweis für ihr Fehlverhalten und als Legitimation für eine Trennung herhalten muß.

zugs von der Gunst des Partners abhängig ist, um Verzeihung bitten und betteln muß.

So hält sich ein Schwebezustand, in dem einerseits gewünscht wird, der Partner möge einen Fehltritt begehen, diesen andererseits aber fürchtet. Dies alles kann in gegenseitigem Bedauern und besonders heftigem Eifersuchtsverhalten Ausdruck finden. Das Ganze kann als Spannungsfeld, aber auch als Regelsystem betrachtet werden; dabei können äußere Stimuli (z. B. eine Verführung) als – bisweilen willkommene – Störgrößen wirken, die es im Rahmen von Versöhnungen wieder einzuregeln gilt. Diese Regulation funktioniert allerdings nur solange, wie das System flexibel und angemessen auf Störungen reagieren kann.

Überladung mit Schuldgefühlen

Unabhängig von Projektionen kann es zu einer exzessiven, eifersüchtigen Suche nach Schuld beim Partner kommen, aufgrund einer eigenen Überladung mit Schuldgefühlen. Zwar können solche Schuldgefühle sexuellen Phantasien entstammen, jedoch rühren sie im allgemeinen aus ganz anderen Quellen her. An erster Stelle steht dabei die mütterliche Schuldvergiftung, die meist potenziert wird durch die Maßnahmen eines durchtriebenen Ehepartners der diese bei seinem Partner geschlagene Kerbe schnell ausgemacht hat und weiter in dieselbe hineinschlägt. Diese sexualfremden Schuldgefühle lassen sich nun dadurch mindern, daß der schuldbeladene Part dem Partner einen Makel nachweist oder ihm einen solchen anhängt. Und dazu bieten sich eben tatsächliche oder vermeintliche sexuelle Verfehlungen an. Eine intensive Beschäftigung mit realen oder möglichen Untaten des anderen kann schon recht gut von den eigenen quälenden Schuldgefühlen ablenken, aber auch die subjektiv-unausgeglichene Schuldbilanz (gegenüber der Mutter und dem Partner) ausgleichen helfen.

Auf die Dauer ist es jedoch notwendig, die tatsächlichen Quellen der Überladung mit Schuldgefühlen unter die Lupe zu nehmen und eben diese eigenen Schuldgefühle (wem gegenüber auch immer) abzubauen. In aller Regel ist es dabei erforderlich, die in Richtung der Schuldgefühle umgekippte labile Balance zwischen Schuldgefühlen und Aggressivität (dem jeweiligen Auslöser gegenüber) wieder ins Gleichgewicht, ins rechte Lot zu bringen.

Literatur

Cohnen B (1988) Der ganz normale Neid. Kreuz Verlag, Zürich
Dunde S R (1989) Andere haben es gut. Kösel, München
Eibl-Eibesfeld I (1982) Liebe und Hass – Zur Naturgeschichte elementarer Verhaltensweisen. Piper, München
Eibl-Eibesfeld I (1986) Die Biologie des menschlichen Verhaltens. Piper, München
Eibl-Eibesfeld I (1988) Der Mensch – das riskierte Wesen. Piper, München
Kull U (1983) Evolution des Menschen. Metzler, Stuttgart
Kruse O (1985) Emotionsdynamik und Psychotherapie. Beltz, Weinheim
Rost W (1987) Die Gefühle. Birkhäuser, Basel Boston
Rost W (1987) Schäm Dich! Psychologie heute
Rost W (1990) Emotionen – Elixiere des Lebens. Springer-Verlag, Berlin Heidelberg New York
Rost W und Dietz W (3/1990) Dem Neid eine Chance. Psychologie heute
Rost W, Schulz A (1993) Unsere alltäglichen Ängste Südwest-Verlag, München
Rost W, Schulz A (1993) Warum immer das Schlimmste befürchten. Südwest-Verlag, München
Rost W, Schulz A (1993) Zärtlichkeit und Sexualität. Südwest-Verlag, München
Tiger L, Fox R (1973) Das Herrentier. Bertelsmann, Gütersloh
Zimmer DE (1982) Unsere erste Natur. Ullstein, Frankfurt a. M.
Zimmer DE (1984) Die Vernunft der Gefühle. Piper, München
Zimmer DE (1989) Experimente des Lebens. Haffmanns, Zürich

2., überarb. u. erg. Aufl. 1993. X, 257 S. 31 Abb.
DM 29,80; öS 232,50; sFr 33.00. ISBN 3-540-54768-1 ▶

Werner Metzig
Martin Schuster
Lernen zu Lernen
Lernstrategien wirkungsvoll einsetzen

2. Aufl. 1992. IX, 226 S.
73 Abb. DM 29,80; öS 32,50;
sFr 33.00. IBN 3-540-55313-4
▼

Jan Roetra
Medienwelten

Schein und Wirklichkeit in Bild und Ton

Wilhelm Sandermann
Papier

Eine spannende Kulturgeschichte

◀ 1993. VII, 263 S. 13 Abb., davon 8 in Farbe.
DM 29,80; öS 232,50;
sFr.33,- ISBN 3-540-56538-8

Peter Borsch
Hermann-Josef Wagner
Energie und Umweltbelastung

Horst Malberg
Bauernregeln

Aus meteorologischer Sicht

1993. VIII, 236 S. 48 Abb., davon
6 in Farbe. 14 Tab.
DM 29,80; öS 232,50; sFr. 33,-
ISBN 3-540-56666-X ▼

Angela Meder
Gorillas
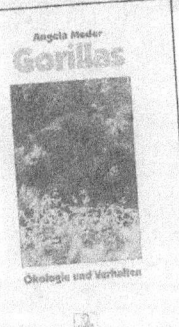
Ökologie und Verhalten

▲ 1992. X, 174 S. 47 Abb.
DM 29,80; öS 232,50;
sFr 33.00.
ISBN 3-540-55623-0

▲ 2., erw. Aufl. 1993. X, 200 S.
33 Abb., 21 historische
Vignetten DM 29,80;
öS 232,50; sFr 33.00.
ISBN 3-540-56240-0

Springer

Preisänderungen vorbehalten

Tm.BA3.11.002

◀ 1993. XV, 257 S. 73 Abb., davon 12 in Farbe. 2 Tab.
DM 29,80; öS 232,50; sFr. 33,- ISBN 3-540-56664-3

◀ 2. Aufl. 1992. IX, 268 S. 20 Abb.
DM 29,80; öS 232,50; sFr. 33.00
ISBN 3-540-55435-1

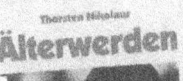

Mit Beiträgen von G. Brettschneider, A. Gaisser,
G. Harms, B. Hiller, K.-D. Humbert, G. Kautzmann,
V. Mertens, M. Preszly, M. Rolf, H. Schüssler und S. Wilcke
1993. XX, 410 S. 23 Abb. DM 34,80;
öS 271.50; sFr 38.50 ISBN 3-540-56959-6

1993. XI, 151 S. 18 Abb. ▶
DM 29,80; öS 232,50; sFr 3.00
ISBN 3-540-56168-4

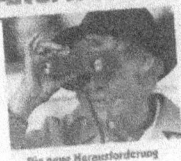

▲ 1993. VII, 175 S. 70 Abb.
1 Tab. DM 29,80;
öS 232,50; sFr 33.00
ISBN 3-540-56242-7

▲ 2. Aufl. 1993. XIV, 294 S.
DM 34,80; öS 271,50; sFr. 38,50
ISBN 3-540-56498-5

Preisänderungen
vorbehalten

Springer

Tm.BA3.11.002

GPSR Compliance

The European Union's (EU) General Product Safety Regulation (GPSR) is a set of rules that requires consumer products to be safe and our obligations to ensure this.

If you have any concerns about our products, you can contact us on

ProductSafety@springernature.com

In case Publisher is established outside the EU, the EU authorized representative is:

Springer Nature Customer Service Center GmbH
Europaplatz 3
69115 Heidelberg, Germany

www.ingramcontent.com/pod-product-compliance
Lightning Source LLC
LaVergne TN
LVHW010257260326
834688LV00044B/1328